案例效果

奔跑的红球

一起去游动物园

谁藏起了我的生日蛋糕

猫咪假日旅行记

火箭游太空

旋转的风车

小猫抓老鼠

跳街舞的小萌娃

飞舞的蝴蝶

一幅父女对话

飞奔的骏马

Scratch 创意编程趣味课堂

森林里的小动物

小猫踢足球

小猫送信

小猫问时间

百变小猫

小猫玩游乐园

成绩等级判断

小猫接苹果

小猫卡通时钟

小猫抓鱼

热气球升空

小猫千变万化

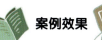案例效果

小猫钓鱼

选购商品

百米赛跑

遥控天气

泳池面积

小猴挑水果

判断闰年

词语接龙

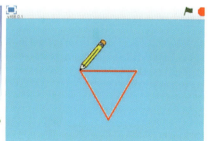
等边三角形

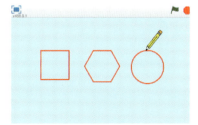
正多边形排排坐

图形万花筒

旋转的五彩多边形

Scratch 创意编程趣味课堂

小蜘蛛织大网

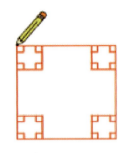

神奇的正方形套娃

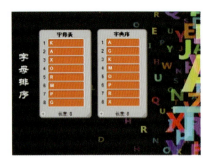

字母排序

动物排队

鸡兔同笼

水仙花数

兔子繁殖

大雁南飞

幸运大抽奖

小蝌蚪找妈妈

星球大战

内容简介

Scratch是目前流行的少儿编程工具，它不仅易于使用，又能够寓教于乐，让孩子们充分获得创作的乐趣。

本书共分8章内容，从易到难，从基础到综合实战，详细讲解了Scratch创意编程知识。本书假设读者从未接触过编程，从零基础开始帮助读者逐步建立起Scratch编程的知识体系。

本书适合6岁以上的读者学习计算机编程，也适合希望辅导孩子进行编程训练的家长和少儿编程培训机构的教师使用。

本书封面贴有清华大学出版社防伪标签，无标签者不得销售。

版权所有，侵权必究。举报：010-62782989，beiqinquan@tup.tsinghua.edu.cn。

图书在版编目(CIP)数据

Scratch创意编程趣味课堂 / 方其桂 主编. —北京：清华大学出版社，2019（2022.9重印）
ISBN 978-7-302-51851-8

Ⅰ. ①S… Ⅱ. ①方… Ⅲ. ①程序设计—中小学—教材 Ⅳ. ①G634.671

中国版本图书馆CIP数据核字(2018)第272365号

责任编辑：李 磊 焦昭君
封面设计：王 晨
版式设计：孔祥峰
责任校对：牛艳敏
责任印制：刘海龙

出版发行：清华大学出版社
    网　　址：http://www.tup.com.cn，http://www.wqbook.com
    地　　址：北京清华大学学研大厦A座　邮　编：100084
    社 总 机：010-83470000　邮　购：010-62786544
    投稿与读者服务：010-62776969，c-service@tup.tsinghua.edu.cn
    质 量 反 馈：010-62772015，zhiliang@tup.tsinghua.edu.cn
印 装 者：三河市铭诚印务有限公司
经　　销：全国新华书店
开　　本：170mm×230mm　　插 页：2　　印 张：13.25　　字 数：275千字
版　　次：2019年2月第1版　　印 次：2022年9月第7次印刷
定　　价：59.80元

产品编号：081462-01

PREFACE 前言

1. 学习编程的意义

现今社会的发展日新月异,要让今天的孩子能够迎接未来社会的挑战,创新精神、实践能力是必备的品质,而这些可以通过编程学习来得到培养。例如,思维能力(学会用不同的算法、代码解决同一个问题)、创新力(独立编写程序)、观察力(在编写、调试程序的过程中发现问题并解决)、主动思考的能力,这些能力对孩子来说是受益终生的。总之,编程本身是一个充满乐趣的过程,用程序能够表达生活中的人和事,用程序能够展示奇思妙想的创意,用程序能够将复杂重复的事情变得简单。

基于此,整个社会已经充分认识到编程的意义,编程已经成为中小学教学的重要内容,许多省市已经将编程纳入中考、高考,同时各地每年举办各种编程比赛引导编程的学习,如全国青少年创意编程与智能设计大赛、浙江省中小学信息技术创作大赛、四川省青少年创意编程与设计活动等。

2. Scratch 软件的优点

Scratch 是目前流行的少儿编程工具,它把枯燥乏味的数字代码变成"积木"状的模块,让孩子在搭建积木的过程中学习编程,它非常适合孩子的编程启蒙,具体有如下优点。
- **入门容易** 其使用界面生动有趣,不需要有编程基础,适合读者初次学习编程时使用。
- **声画具备** 用 Scratch 编制动画程序,可以将各种图像作为背景,选择喜欢的角色,配置丰富的声音,制作出有声、有色的好玩游戏。
- **能力提升** 让读者在程序设计过程中逐渐形成逻辑分析、独立思考创新的思维方式,学会提出问题,解决问题。

3. 本书结构

本书按照由易到难的顺序,将所有的知识点融入一个个好玩、有趣的案例中,让读者先模仿案例去动手做一做,边玩边学,在玩的过程中逐渐理解,在完成模仿项目的基础上进行拓展,激发创新思维。全书按照知识顺序、难度分成 8 章,每章还设计了多个栏目,便于读者学习和教师教学。
- **研究室** 分析案例,帮助读者了解每个案例的任务描述和对应的模块积木。
- **加工坊** 详细介绍案例操作步骤,读者可以动手模仿制作。
- **创新园** 配套一些练习,便于读者自我检查对本章知识的掌握情况。
- **小知识** 针对操作时的小技巧进行强调。
- **知识库** 介绍涉及的基本概念和理论知识,以便深入理解知识。

4. 本书特色

本书适合 6 岁以上的中小学生阅读，其中 6~10 岁小朋友建议亲子阅读，或在老师指导下阅读，10 岁以上可以独立阅读。本书同时适合作为学校的创客课程教材，也可以作为初学编程者的入门书籍。为了充分调动读者学习的积极性，在编写时努力体现如下特色。

- **案例丰富** 本书案例丰富，涉及编程的诸多类别，内容编排合理，难度适中。每个案例都有详细的分析和制作指导，降低了学习的难度，使读者对所学知识更加容易理解。
- **图文并茂** 本书使用图片替换了大部分的文字说明，一目了然，让学习者能轻松读懂描述的内容。具体操作步骤图文并茂，用精美的图片和详细的文字说明来讲解程序的编写，便于读者边学边练。
- **资源丰富** 本书配备了所有案例的素材和源文件，为读者自学录制了微课，从数量上到内容上都有着更多的选择。在使用本书时，可以先用手机扫描书中的二维码，借助微课先行学习，然后再利用本书上机操作实践。
- **形式贴心** 对读者在学习过程中可能会遇到的疑问，以"小知识"栏目进行说明，避免读者在学习的过程中走弯路。

5. 本书作者

参与本书编写的作者有省级教研人员，以及具有多年教学经验的中小学信息技术教师，他们曾经编写并出版过多本 Scratch 编程书籍，有着丰富的教材编写经验。

本书由方其桂担任主编，周本阔、童蕾担任副主编，由张青（第 1、3、8 章）、童蕾（第 2 章）、梁祥（第 4 章）、周本阔（第 5、7 章）、唐小华（第 6 章）等人编写，随书资源由方其桂整理制作。

读者在学习使用的过程中，对同样案例的制作，可能会有更好的制作方法，也可能对书中某些案例的制作方法的科学性和实用性提出质疑，敬请读者批评指导。我们的图书服务电子邮箱为 wkservice@vip.163.com。

本书附赠了书中案例的素材、源文件和视频微课。读者可扫描下面的二维码，并将内容推送到自己的邮箱中，然后下载获取。

方其桂

CONTENTS 目录

第1章 了解编程基础

1.1 准备编程环境 ········· 2
   1.1.1 注册 Scratch 账户 ········· 2
   1.1.2 下载安装 Scratch ········· 4
1.2 认识软件界面 ········· 6
   1.2.1 舞台角色区 ········· 6
   1.2.2 积木脚本区 ········· 7

1.3 了解编程流程 ········· 13
   案例 小猫走迷宫 ········· 13
   1.3.1 任务分析 ········· 13
   1.3.2 角色规划 ········· 14
   1.3.3 编程实现 ········· 14
   1.3.4 运行并调试程序 ········· 15

第2章 设置背景和角色

2.1 设置动画角色 ········· 21
   2.1.1 新建、更改角色 ········· 21
   案例1 一起去动物园 ········· 21
   2.1.2 绘制角色 ········· 25
   案例2 奔跑的红球 ········· 25
   2.1.3 显示、隐藏角色 ········· 29

   案例3 谁藏起了我的生日蛋糕 ········· 29
2.2 设置舞台背景 ········· 33
   2.2.1 新建、切换舞台背景 ········· 33
   案例4 猫咪假日旅行记 ········· 33
   2.2.2 编辑、绘制舞台背景 ········· 37
   案例5 火箭游太空 ········· 37

第3章 制作简单动画

3.1 控制角色动作 ········· 44
   3.1.1 角色移动 ········· 44
   案例1 小球打苍蝇 ········· 44
   3.1.2 角色旋转 ········· 47
   案例2 旋转的风车 ········· 47
   3.1.3 角色跟随 ········· 50
   案例3 小猫抓老鼠 ········· 50

3.2 设置角色造型 ········· 55
   3.2.1 构建造型 ········· 55
   案例4 跳街舞的小萌娃 ········· 55
   3.2.2 编辑造型 ········· 57
   案例5 飞舞的蝴蝶 ········· 58
3.3 添加角色声音 ········· 63

3.3.1 新建声音 ……………………… 63	案例 7 父女对话 ……………………… 65
案例 6 飞奔的骏马 ……………………… 63	3.3.3 设置声音效果 ……………………… 70
3.3.2 编辑声音 ……………………… 65	案例 8 森林里的小动物 ……………………… 70

第4章 控制程序结构

4.1 顺序结构 ……………………… 77	4.2.3 嵌套选择结构 ……………………… 90
4.1.1 赋值语句 ……………………… 77	案例 6 成绩等级判断 ……………………… 90
案例 1 小猫踢足球 ……………………… 77	4.3 循环结构 ……………………… 93
4.1.2 数据的输入 ……………………… 81	4.3.1 计数循环 ……………………… 93
案例 2 小猫送信 ……………………… 81	案例 7 小猫接苹果 ……………………… 94
4.1.3 数据的输出 ……………………… 83	4.3.2 无限循环 ……………………… 96
案例 3 小猫问时间 ……………………… 84	案例 8 小猫卡通时钟 ……………………… 96
4.2 选择结构 ……………………… 86	4.3.3 直到循环 ……………………… 98
4.2.1 单分支结构 ……………………… 87	案例 9 小猫抓鱼 ……………………… 99
案例 4 小猫玩游乐园 ……………………… 87	4.3.4 嵌套循环 ……………………… 101
4.2.2 双分支结构 ……………………… 88	案例 10 小猫千变万化 ……………………… 101
案例 5 百变小猫 ……………………… 89	

第5章 了解编程运算

5.1 变量 ……………………… 106	5.2.2 使用列表 ……………………… 119
5.1.1 定义变量 ……………………… 106	案例 5 遥控天气 ……………………… 119
案例 1 热气球升空 ……………………… 106	5.3 运算 ……………………… 123
5.1.2 计数器 ……………………… 110	5.3.1 数学运算 ……………………… 123
案例 2 小猫钓鱼 ……………………… 110	案例 6 泳池面积 ……………………… 123
5.1.3 累加器 ……………………… 113	5.3.2 关系运算 ……………………… 126
案例 3 选购商品 ……………………… 113	案例 7 小猴挑水果 ……………………… 126
5.2 列表 ……………………… 117	5.3.3 逻辑运算 ……………………… 129
5.2.1 定义列表 ……………………… 117	案例 8 判断闰年 ……………………… 129
案例 4 百米赛跑 ……………………… 117	5.3.4 字符运算 ……………………… 131
	案例 9 词语接龙 ……………………… 131

第6章 使用过程快速编程

6.1 创建简单过程 …………………… 136
    6.1.1 定义过程 ……………………… 136
    案例1 等边三角形 ……………… 136
    6.1.2 调用过程 ……………………… 138
    案例2 正多边形排排坐 ………… 138
6.2 使用参数过程 …………………… 141
    6.2.1 添加参数 ……………………… 142
    案例3 图形万花筒 ……………… 142

6.2.2 控制参数 ……………………… 145
    案例4 旋转的五彩多边形 ……… 145
6.3 巧用过程嵌套 …………………… 150
    6.3.1 嵌套其他过程 ………………… 150
    案例5 小蜘蛛织大网 …………… 150
    6.3.2 嵌套过程本身 ………………… 154
    案例6 神奇的正方形套娃 ……… 154

第7章 掌握编程算法

7.1 常用排序算法 …………………… 160
    7.1.1 选择排序 ……………………… 160
    案例1 字母排序 ………………… 160
    7.1.2 冒泡排序 ……………………… 163
    案例2 动物排队 ………………… 163
7.2 解析与枚举 ……………………… 168
    7.2.1 解析法 ………………………… 169
    案例3 鸡兔同笼 ………………… 169

7.2.2 枚举法 ………………………… 172
    案例4 水仙花数 ………………… 172
7.3 递推与递归 ……………………… 176
    7.3.1 递推法 ………………………… 176
    案例5 兔子繁殖 ………………… 176
    7.3.2 递归法 ………………………… 179
    案例6 大雁南飞 ………………… 179

第8章 开发应用程序实例

8.1 设计应用程序 …………………… 184
    案例1 幸运大抽奖 ……………… 184
    8.1.1 任务分析 ……………………… 184
    8.1.2 脚本规划 ……………………… 185
    8.1.3 编程实现 ……………………… 185
    8.1.4 分享程序 ……………………… 189
8.2 制作数字故事 …………………… 190
    案例2 小蝌蚪找妈妈 …………… 190
    8.2.1 任务分析 ……………………… 191

8.2.2 角色规划 ……………………… 192
8.2.3 编程实现 ……………………… 192
8.2.4 分享程序 ……………………… 196
8.3 设计互动游戏 …………………… 198
    案例3 星球大战 ………………… 198
    8.3.1 任务分析 ……………………… 198
    8.3.2 角色规划 ……………………… 199
    8.3.3 编程实现 ……………………… 200
    8.3.4 发布程序 ……………………… 203

第 1 章 了解编程基础

　　Scratch 编程侧重儿童逻辑思维和创意方面的锻炼，是目前应用广泛的儿童编程工具。使用 Scratch 不需要记忆复杂的语法规范，避免了复杂的语法错误，只需要拖曳图形化的积木，即可搭出属于自己的数字故事、游戏等电子作品。

　　本章详细介绍软件的下载、安装，认识软件的界面，熟悉编程的流程。在使用积木搭建脚本的过程中，探究程序设计的思维和方法，学习利用 Scratch 软件表达自己的想法。

 准备编程环境（在线注册、下载软件、安装软件）

 了解操作界面（背景区、角色区、积木区、脚本区）

 熟悉编程流程（任务分析、角色规划、编程实现、运行调试）

1.1 准备编程环境

1.1.1 注册 Scratch 账户

扫一扫，看视频

01 **登录网站** 打开浏览器，在地址栏中输入网址"https://scratch.mit.edu/"，打开 Scratch 网站。

02 **切换到中文状态** 按图 1-1 所示操作，将网站语言切换成"简体中文"。

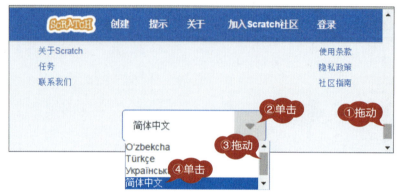

图 1-1 切换到中文状态

03 **填写用户名及密码** 单击网页上的 加入Scratch社区 按钮，按图 1-2 所示操作，填写用户名称及密码。

图 1-2 填写用户名称及密码

04 填写个人信息 按图 1-3 所示操作，填写用户个人信息。

图 1-3　填写个人信息

05 填写用户电子信箱 按图 1-4 所示操作，填写用户电子信箱。

图 1-4　填写用户电子信箱

06 完成用户创建 按图 1-5 所示操作，完成用户创建。

图 1-5　完成用户创建

07 登录账户 按图 1-6 所示操作，登录账户，准备编程。

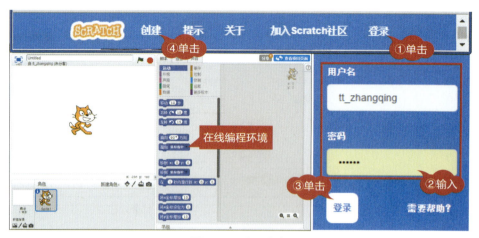

图 1-6　登录账户

1.1.2　下载安装 Scratch

　　Scratch 官方网站提供了多个版本的 Scratch，可用于装有不同操作系统的计算机，本书使用的是 Scratch 2.0，下面就以 Scratch 2.0 为例，介绍 Scratch 的下载与安装。

01 查找安装文件 打开浏览器，在地址栏中输入"https://scratch.mit.edu/download"，按图 1-7 所示操作，查找需要安装的 2 个文件——"Adobe AIR"与"Scratch 离线编辑器"。

图 1-7　查找文件

02 下载 AdobeAIRInstaller 文件 按图 1-8 所示操作，下载 AdobeAIRInstaller。

03 下载 Scratch 文件 用上面同样的方法，下载文件 Scratch-461.exe。

第 1 章 了解编程基础

图 1-8 下载文件

04 安装 Adobe AIR 文件　双击 AdobeAIRInstaller.exe 文件，按图 1-9 所示操作，安装 Adobe AIR。

图 1-9 安装 Adobe AIR 文件

05 安装 Scratch 文件　双击 Scratch-461.exe 文件，按图 1-10 所示操作，安装 Scratch 软件。

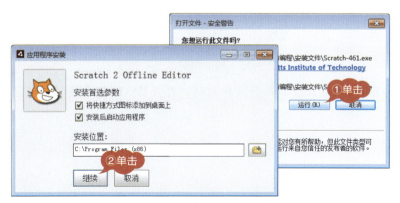

图 1-10 安装 Scratch 文件

1.2 认识软件界面

扫一扫，看视频

使用Scratch编程，必须认识软件的界面，运行Scratch软件，默认是英文界面，首先要切换到中文方式，Scratch的界面包括舞台区、控制区、角色区、积木区及脚本区等。

1.2.1 舞台角色区

使用Scratch制作作品前，根据程序需要，可以设计一个或多个背景，建立一个或多个角色。背景与角色均可在系统提供的"背景库"和"角色库"中进行选择，也可自己绘制、拍摄，或上传本地文件。

 加工坊

01 **运行软件** 单击"开始"按钮，选择"所有程序"→"Scratch 2"命令，运行软件Scratch。

02 **切换到中文状态** Scratch软件默认语言是英语，按图1-11所示操作，切换成"简体中文"。

图1-11 切换到简体中文状态

03 **认识舞台角色区** 在添加背景与角色之前，首先要认识舞台区与角色区，如图1-12所示。

第 1 章 了解编程基础

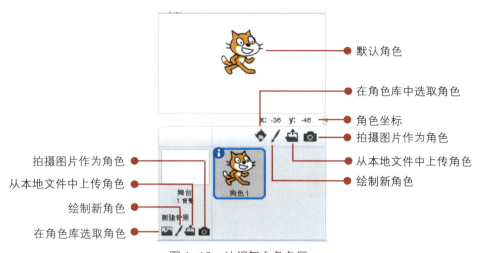

图 1-12 认识舞台角色区

1.2.2 积木脚本区

如果需要舞台上的角色，根据要求执行相应动作，则需要为背景或角色添加相应的脚本，编程前需要知道有哪些积木可以用来编写脚本。

加工坊

01 打开文件 选择"文件"→"打开"命令，按图 1-13 所示操作，打开文件"小猫练跑步(初).sb2"。

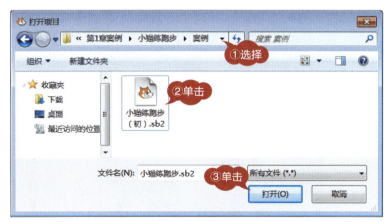

图 1-13 打开文件

02 运行程序 单击舞台区的"运行"按钮 ▶，运行程序，查看小猫的运动方式，看完之后单击"停止"按钮 ●，停止程序的运行。

7

03 认识积木与脚本 在为角色与背景添加脚本之前,首先要认识脚本区,按如图1-14所示操作,查看角色"小猫"的脚本,以及"事件"模块中的相关积木。

图1-14 认识积木与脚本

> **小知识**
>
> 模块是将功能相近的积木放在一起,方便查找。而将积木一块块按功能拼接,从而形成脚本,程序运行时,角色就会按脚本的顺序一条条执行,产生相应的效果。

04 添加积木 按图1-15所示操作,在角色"小猫"原有脚本的基础上添加积木,实现小猫碰到边缘就反弹的效果。

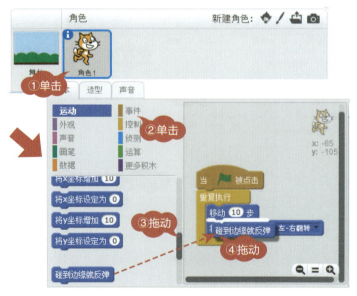

图1-15 添加积木

05 **运行程序** 单击舞台区的"运行"按钮🚩,运行程序,发现小猫能实现往返跑,但跑步的速度过快,单击"停止"按钮🔴,停止程序的运行。

06 **修改积木参数** 按图1-16所示操作,修改积木的参数。

图1-16 修改积木参数

07 **运行程序** 单击舞台区的"运行"按钮🚩,运行程序,再次观看小猫跑步的速度。

08 **修改积木参数** 按图1-17所示操作,修改积木参数后运行程序,查看小猫跑步的效果。

09 **删除积木** 按图1-18所示操作,删除积木后运行程序,再次查看小猫跑步的效果。

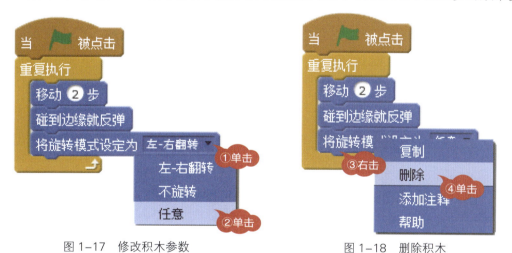

图1-17 修改积木参数　　　　　　图1-18 删除积木

10 **保存文件** 选择"文件"→"另存为"命令,将文件以"小猫练跑步(终).sb2"为名保存。

知识库

1. Scratch 的安装文件

安装 Scratch 软件时,需要安装两个文件,分别是 Adobe AIR 与 Scratch,这两个文件有着不同的作用。

- **Adobe AIR Installer.exe** 安装此文件,可以实现跨平台应用,使其不再受限于不同的操作系统,在桌面上即可体验丰富的互联网应用,有更快的运行速度和顺畅的动画效果。
- **Scratch-461.exe** 这是 Scratch 软件的安装文件,Scratch 有各种版本,后面的数字是 Scratch 2.0 版本中最新的版本号。

2. Scratch 软件界面

Scratch 软件的工作界面分为多个区域,如图 1-19 所示分别是控制区、舞台区、角色区、积木区和脚本区,另外还有角色设置工具。

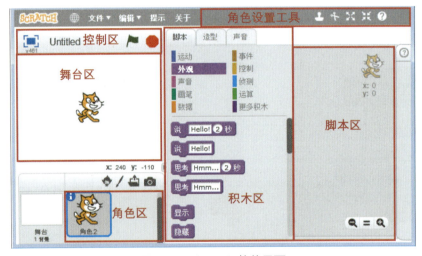

图 1-19 Scratch 软件界面

- **积木区** 提供各类积木模块,供编写脚本时选择使用。
- **脚本区** 用于搭建积木的区域。
- **舞台区** 角色表演的地方,编好脚本,运行后在这里呈现。
- **角色区** 角色的创建区,所有角色都在这里创建。
- **控制区** 控制脚本的执行和停止。
- **角色设置工具** 辅助角色编辑,包括调整大小、删除角色等。

3. 积木

在 Scratch 中,共分 8 大类 100 多个积木,不同类型的积木用不同的颜色,利用这些积木可以搭建出各种各样的程序。

- **动作** 控制角色的位置、方向、旋转及移动。
- **外观** 控制角色的造型及特效，并提供文本框显示。
- **声音** 控制声音的播放、音量，设置乐器、弹奏音符。
- **画笔** 实现画笔绘图功能，能设置画笔颜色、画笔大小。
- **事件** 设定当出现什么事件时，就执行什么控制。
- **控制** 设定当某事件发生时执行程序，控制程序流程。
- **侦测** 获取鼠标信息，获取与对象的距离、碰撞判断。
- **数字和逻辑运算** 逻辑运算、算术运算、字符串运算，获取随机数。
- **变量** 生成变量来存储程序执行时所需的信息。

4. Scratch 常用图标

Scratch 软件除了菜单命令，还提供了一些图标，方便操作，如运行程序、停止程序等，常用的图标及其功能如表 1-1 所示。

表 1-1 常用图标及其功能

图标	作用	图标	作用
▶	运行	●	停止
⛶	全屏显示	❓	积木说明
⬇	复制	✂	删除
⤢	放大	⤡	缩小

5. 设置 Scratch 字体大小

Scratch 软件默认字体大小是 12，这个字体大小比较符合日常使用习惯。但有时根据不同情况需要调整字体的大小，按图 1-20 所示操作，可将字体大小调整为 15。

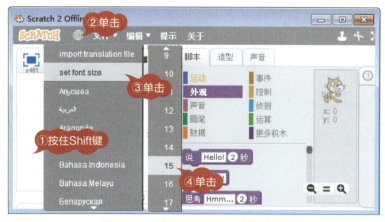

图 1-20 设置 Scratch 的字体大小

创新园

1. 选择题

(1) 使用 Scratch 编写程序，选择"背景库"中的图片作为背景，应该单击的按钮是（ ）。

　　A. 　　　B. 　　　C. 　　　D.

(2) 使用 Scratch 编写程序，从本地文件中上传角色，应该单击的按钮是（ ）。

　　A. 　　　B. 　　　C. 　　　D.

(3) 缩小舞台上选中的角色，可以选择的按钮是（ ）。

　　A. 　　　B. 　　　C. 　　　D.

(4) 如果通过按键来控制游戏，应该选择的模块是（ ）。

　　A. 当按下 空格 键　　　B. 当角色被点击时
　　C. 当 响度 > 10　　　D. 当接收到 消息1

2. 操作题

(1) 打开文件"小猫动起来.sb2"，将左图中的脚本修改成右图效果，并运行程序，查看效果，如图 1-21 所示。

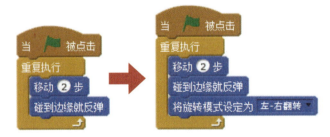

图 1-21　修改脚本

(2) 为角色"小猫"添加造型，如图 1-22 左图所示，再为角色添加脚本，如图 1-22 右图所示，并运行程序，查看效果。

图 1-22　添加造型和脚本

第 1 章　了解编程基础

1.3　了解编程流程

扫一扫，看视频

　　Scratch 软件是可视化编程，所有脚本都写在相应的角色中，因此要针对每个角色进行规划，知道每个角色的作用，再编程实现功能，最后反复调试程序，直至程序能顺利运行，达到预期效果。下面以编写"小猫走迷宫"为例，效果如图 1-23 所示，介绍程序的编写流程。

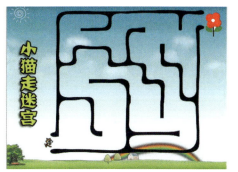 

图 1-23　作品"小猫走迷宫"效果图

案例　小猫走迷宫

🐾 1.3.1　任务分析

　　"小猫走迷宫"共有 1 个背景、1 个角色。运行程序时，按住方向键，小猫可向相应的方向移动，遇到黑色后退，遇到红色显示走迷宫成功。任务分析及功能描述如图 1-24 所示。

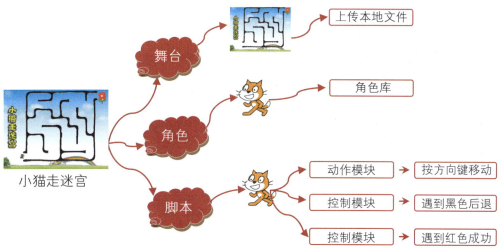

图 1-24　任务分析图

13

1.3.2 角色规划

游戏"小猫走迷宫"的背景是迷宫地图,所有脚本都写在角色"小猫"中,当单击"运行"按钮时,使用方向键,小猫可以相应移动。任务脚本分析如表1-2所示。

表1-2 脚本规划

舞 台	角 色	任务描述	Scratch 积木
背景1	🐱	单击绿旗,开始运行程序。按方向键,小猫能上下左右移动,遇到黑色后退,走出迷宫遇到红色,游戏胜出	事件 运行程序 控制 重复动作…… 控制 如果满足条件…… 运动 角色移动

1.3.3 编程实现

根据任务脚本分析,不断细化规划,直到在 Scratch 软件中能选择相应积木来实现功能,就可以根据分析,使用 Scratch 软件中的积木来搭建程序了。

加工坊

添加背景角色

本案例共有1个背景、1个角色,背景采用上传本地文件的方式,角色选自"角色库"。

01 **上传背景** 从本地文件中上传背景,效果如图 1-25 所示。

02 **添加角色** 从角色库中选取角色,效果如图 1-26 所示。

图 1-25 游戏背景

图 1-26 添加角色

编写对象脚本

选中小猫,根据脚本规划,拖动积木,在脚本区为角色"小猫"创建脚本,使小猫能实现移动。

01 编写按右方向键小猫移动的脚本 选中角色"小猫",选择"脚本"标签,编写如图 1-27 所示的脚步,能实现按右方向键小猫向右移动。

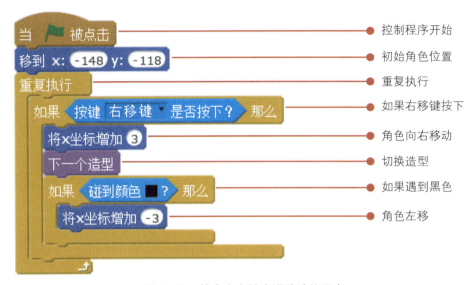

图 1-27 按右方向键小猫移动的脚本

02 编写小猫走出迷宫的脚本 选中角色"小猫",编写如图 1-28 所示的脚本,能实现碰到红色,显示走出迷宫。

图 1-28 编写走出迷宫的脚本

🐾 1.3.4 运行并调试程序

学习编程的初期,很少能一次性测试程序通过,需对程序进行反复调试。单击"运行"按钮，可以运行程序；单击"停止"按钮，可以终止程序运行。

加工坊

01 运行程序　按图1-29所示操作，运行程序，使用方向键→←↑↓控制小猫的移动方向，引导小猫走出迷宫。

图1-29　运行程序

02 调试程序　运行程序时发现按方向键→时，小猫向右移动，按其他键无法移动，按图1-30所示修改积木的参数，再运行程序，试试按方向键←，看看小猫向什么方向移动。

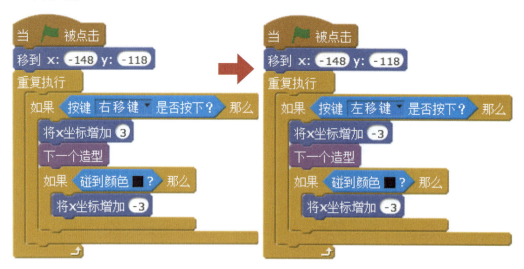

图1-30　调试程序

1. 描述解决问题的方法

编写脚本首先要知道解决问题的方法，而描述解决问题的方法有多种，下面以判断学生成绩等级为例，介绍各种描述解决问题的方法。判断学生成绩等级的规则是：85 分及以上优秀，75 分及以上良好，60 分及以上及格，60 分以下不及格。

- **用自然语言描述** 用平时的语言来描述判断学生成绩等级，效果如图 1-31 所示。

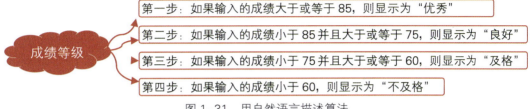

图 1-31 用自然语言描述算法

- **用流程图描述** 用图形化表示描述判断学生成绩等级，效果如图 1-32 所示。

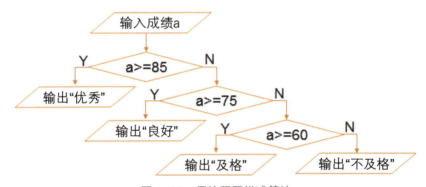

图 1-32 用流程图描述算法

- **用伪代码描述** 用符号加自然语言的描述方式描述判断学生成绩等级，效果如图 1-33 所示。

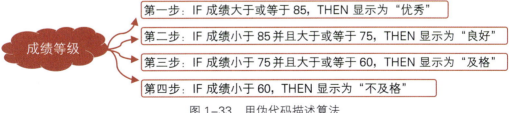

图 1-33 用伪代码描述算法

- **用编程语言描述** 使用 Scratch 语言描述判断学生成绩等级，效果如图 1-34 所示。

2. 流程图

流程图是一种用规定的图形、指向线及文字说明来准确、直观地表示算法的图形。通常，程序框图由程序框和流程线组成。一个或几个程序框的组合表示算法中的一个步骤；流程线是方向箭头，按照算法进行的顺序将程序框连接起来，如图 1-35 所示。

图 1-34　用 Scratch 语言描述

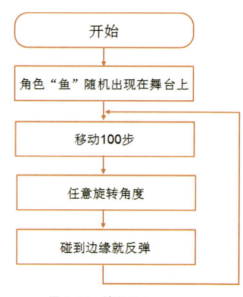

图 1-35　流程图 1

3. 发布程序的方法

使用 Scratch 制作出来的文件是以 sb2 为后缀的文件，这种文件无法脱离 Scratch 平台运行和播放，难以插入演示文稿和网页中，以下介绍 3 种可以生成其他格式的文件、不再依照 Scratch 环境的方法。

♡ **编译成 exe 文件**　可以使用软件 scratch2exe-ch-se.exe 生成 exe 文件。
♡ **在网上发布**　在线编写程序后，可以直接发布，别人通过扫描二维码，即可运行程序。
♡ **生成 swf 文件**　借助网页 Converter.html，可将 sb2 文件转换成 swf 文件。

创新园

1. 选择题

(1) 执行如图 1-36 所示的流程，y 的输出值是（　　）。

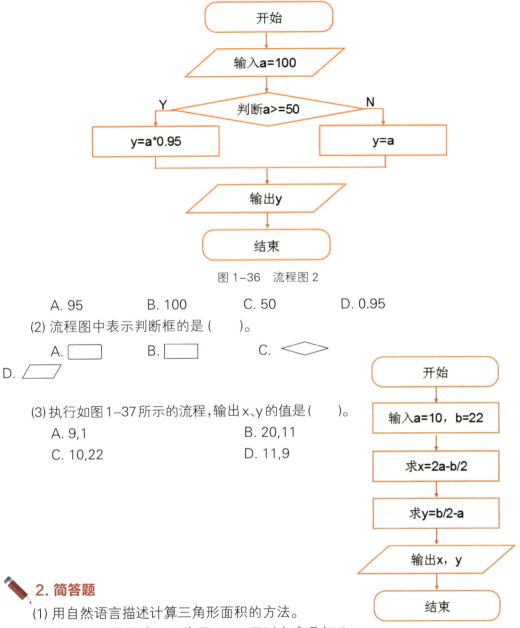

图 1-36 流程图 2

A. 95　　　　B. 100　　　　C. 50　　　　D. 0.95

(2) 流程图中表示判断框的是（　　）。

A. ☐　　B. ☐　　C. ◇　　D. ▱

(3) 执行如图 1-37 所示的流程，输出 x、y 的值是（　　）。

A. 9,1　　　　　　　B. 20,11
C. 10,22　　　　　　D. 11,9

图 1-37 流程图 3

2. 简答题

(1) 用自然语言描述计算三角形面积的方法。

(2) 商场周年庆活动，凡购买 1000 元以上商品打八折，凡购买 500 元以上商品打九折，凡购买 500 元以下商品不打折，请画出流程图。

第2章 设置背景和角色

用Scratch编写各种各样有趣的程序，离不开舞台背景和角色。我们需要选择合适的背景图片，将角色请到舞台上，再根据剧情的发展给角色下达相关的指令，角色就会在舞台上动起来，创造出奇幻的效果。

现在我们就和主角——可爱、调皮的小猫一起，进入Scratch的世界，发挥创意编写有趣的小程序吧！

- 新建、更改角色（新建角色、删除角色、调整大小、翻转）
- 绘制角色（绘制角色、图形编辑器、矢量图、位图切换）
- 显示、隐藏角色（显示角色、隐藏角色）
- 新建、切换舞台背景（新建背景、切换背景）
- 编辑、绘制舞台背景（重命名背景、绘制背景）

第 2 章 设置背景和角色

2.1 设置动画角色

扫一扫，看视频

角色是程序中的各种人物或事物，每个角色都有自己独立的脚本，就好像舞台上的演员有各自的动作和对白。在 Scratch 中，角色就是编程对象，它是舞台中执行命令的主角，将按照编写的程序进行运动。

2.1.1 新建、更改角色

Scratch 中默认的角色是一只黄色小猫，有时候为了创建故事情境，需要添加其他角色，对角色的名称进行修改，调整角色的大小和位置。

在 Scratch 中新建角色有 4 种方法，分别是：从角色库中选择、绘制新角色、从文件夹中导入，或者是拍摄照片当作角色。

案例 1 一起去游动物园

小猫遇到了他的好朋友小猴，两人见面后互相打招呼，两位主角进行对话互动，效果如图 2-1 所示。

图 2-1 作品"一起去游动物园"效果图

研究室

 1. 任务分析

先打开半成品程序，创建一个新角色"小猴"，设计角色之间的对话，使小猴能配合小猫的对话顺序，依次出现。任务分析及功能描述如图 2-2 所示。

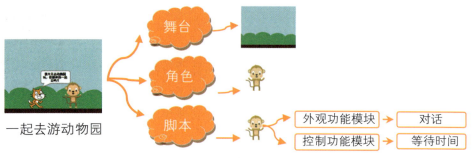

图 2-2 任务分析

2. 脚本规划

本任务中，所有脚本分别在"小猫"和"小猴"角色中完成。如表 2-1 所示，外观功能积木中，选择了说和思考两种不同的对话模式，再加上控制积木中的设置等待时间，使两个角色的对话可以无缝对接。

表 2-1 脚本规划

舞台	角色	任务描述	Scratch 积木
舞台背景	小猴	打招呼 角色间的互动	外观 角色对话 控制 等待……秒

加工坊

01 **打开程序** 运行 Scratch 软件，选择"文件"→"打开"命令，打开"一起去游动物园（初）.sb2"程序。

02 **添加角色** 单击"从角色库中选取角色"按钮，打开"角色库"窗口，按图 2-3 所示操作，添加新角色"Monkey2"。

图 2-3 添加角色

03 调整"小猴"角色 按图 2-4 所示操作，修改"Monkey2"的名称为"小猴"，并单击"左右翻转"选项，使"小猴"面对小猫，并拖动"小猴"角色至合适位置。

调整前的位置

调整后的位置

图 2-4 调整位置方向

04 设置开始响应 单击选择"小猴"角色，拖动模块区的 积木到脚本区。

05 调整等待时间 按图 2-5 所示操作，将控制积木拖到脚本区，修改等待时间为 3 秒。

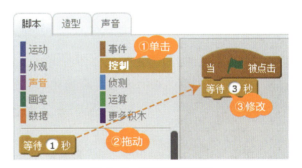

图 2-5 调整等待时间

06 添加"小猴"对话 按图 2-6 所示操作，将外观积木拖到脚本区，输入对话内容。

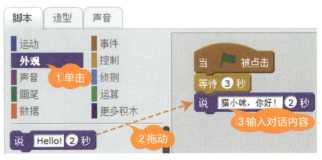

图 2-6 添加小猴对话

07 完成脚本设置 按图 2-7 所示操作，拖动相应积木，完成小猴脚本的编写。

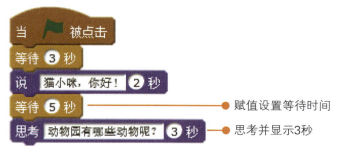

图 2-7 完成小猴脚本

08 保存文件 运行、测试程序，以"一起去游动物园(终).sb2"为名保存文件。

知识库

1. 角色的创建方式

在 Scratch 中，角色一共有 4 种创建方式。

-  **选择角色** 从 Scratch 内建的角色库中选择图片作为角色。
- **绘制角色** 用绘图工具绘制新的角色。
- **上传角色** 使用保存在电脑或设备中的图片作为角色。
- **拍摄角色** 用电脑上的摄像头或网络摄影机拍摄图片作为角色。

2. 角色的翻转

在 Scratch 中，按图 2-8 所示操作，可对"角色"造型进行翻转或旋转。在角色区选择角色后右击，单击 info 命令，在角色的信息中可以选择翻转或旋转。

图 2-8 角色的翻转

- **↔ 左右翻转** 单击该按钮后，再拖动方向按钮角色可以在水平方向上左右翻转。
- **↻ 任意旋转** 单击该按钮后，再拖动方向按钮角色可以在 360° 范围内顺时针或逆时针旋转。

创新园

1. 选择题

(1) 在 Scratch 中，角色可以撤销删除的次数是（ ）。
   A. 1 次　　　B. 2 次　　　C. 3 次　　　D. 多次

(2) 在 Scratch 中，增加角色有多种方法，想要从计算机中导入角色应选（ ）。
   A. 　　B. 📷　　C. ✏　　D. ⬆

2. 操作题

打开"一起去游动物园"文件，猫小咪和小猴见面互打招呼后，它们究竟有没有一起去动物园呢？发挥你的想象力，编写它们的故事吧！

2.1.2 绘制角色

在 Scratch 中，可以通过绘制角色的方法新建角色。绘制新角色可以按照自己的想法进行设计，创造丰富多彩的造型。

📙 案例 2　奔跑的红球

蓝色小球在快速地跳跃，红色小球追着蓝色小球不断跑，当移动到屏幕边缘时会自动转换方向，效果如图 2-9 所示。

图 2-9　作品"奔跑的红球"效果图

研究室

1. 任务分析

作品是半成品,运行程序时,可以发现"蓝球"已经能够在舞台上沿水平方向移动,并且移到边缘就反弹。先观察"蓝球"移动的效果是如何通过脚本实现的,另添加角色"红球",并且设置"红球"运动的效果是用鼠标拖动跟随蓝球,形成红球追蓝球的效果。任务分析及功能描述如图 2-10 所示。

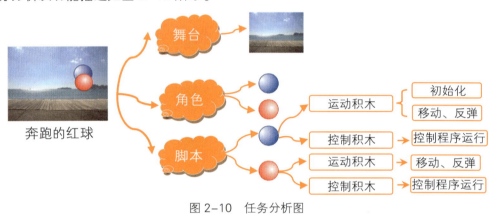

图 2-10　任务分析图

2. 脚本规划

本任务中,打开半成品观察,蓝色小球位置初始化,左右快速移动,遇到边界就反弹。绘制新建角色"红球",当程序开始运行时,让小球随着鼠标移动,追逐蓝色小球,重复执行。任务脚本规划如表 2-2 所示。

表 2-2　脚本规划

舞台	角色	任务描述	Scratch 积木
背景图片	红球	重复执行代码 设置角色的鼠标跟随 角色的移动	控制　控制程序运行 运动　面向鼠标指针 运动　移动

01　打开程序　运行 Scratch 软件,打开"奔跑的红球(初).sb2"文件。

02 查看已有脚本 选中角色"蓝球",单击"脚本"标签,查看蓝球脚本,如图 2-11 所示。

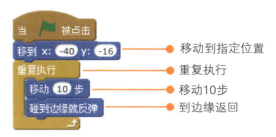

图 2-11 查看脚本

03 绘制红球 单击"从角色库中选取"按钮 ✏️,按图 2-12 所示操作,绘制新角色"红球"。

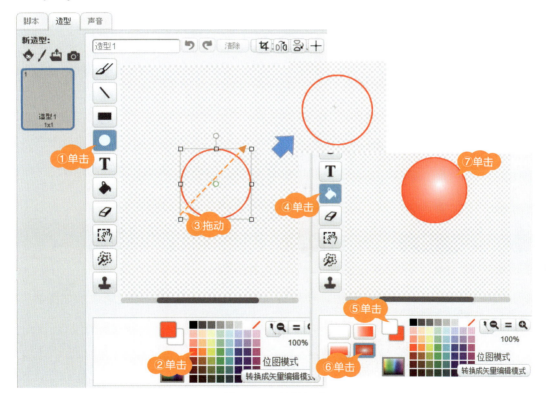

图 2-12 绘制红球

04 修改角色名称 按图 2-13 所示操作,将角色的名称修改为"红球",拖到舞台上的合适位置。

图 2-13　修改角色名称

05　设置鼠标跟随　如图 2-14 所示，拖动运动积木中的"面向鼠标指针"积木到脚本区。

图 2-14　设置鼠标跟随

06　设置红球移动　按图 2-15 所示操作，拖动"移动 10 步"积木到脚本区，将移动步数改为 9 步。

图 2-15　设置红球移动

07　完善红球脚本　拖动相应积木，使红球重复执行追逐蓝球，为红球添加如图 2-16 所示的脚本代码。

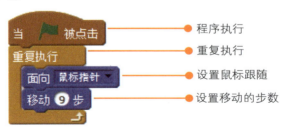

图 2-16　完善脚本代码

08　保存文件　运行、测试程序，以"奔跑的红球(终).sb2"为名保存文件。

第 2 章 设置背景和角色

创新园

1. 选择题

(1) 要使 Scratch 中的角色产生动态效果,可选用的指令是( )。
　　A. 将角色的大小增加 10　　B. 将背景切换到
　　C. 碰到边缘就反弹　　　　D. 下一个造型

(2) Scratch 是一种积木式编程软件,对角色的编程实现方式是( )。
　　A. 键盘输入代码　　　　　B. 语音输入
　　C. 拍摄照片当作角色　　　D. 通过鼠标拖动积木

2. 操作题

(1) 打开"鱼儿鱼儿水里游"文件,修改案例,绘制气泡,让鱼儿边吐气泡边缓缓游动,效果如图 2-17 所示。

(2) 打开"春日田园风光美"文件,效果如图 2-18 所示。试着修改案例,让"蝴蝶"角色从右边飞到左边。

图 2-17　作品"鱼儿鱼儿水里游"效果图

图 2-18　作品"春日田园风光美"效果图

2.1.3　显示、隐藏角色

在 Scratch 中,有时候为了故事情境的发展,需要先将角色隐藏起来,再根据剧情的发展,在合适的时间显示角色。在外观积木中,分别有"显示"和"隐藏"积木,可以配合其他代码,创作出忽隐忽现的效果。

案例 3　谁藏起了我的生日蛋糕

小猫收到了许多生日礼物,在派对上要和大家分享生日蛋糕。忽然小猫发现生日蛋糕不见了，非常着急。魔法师出现了，他念咒语帮助小猫找回了生日蛋糕。程序运行时，生日蛋糕隐藏，魔法师出现，和小猫对话，按下空格键，生日蛋糕显示，并切换造型，效果如图2-19所示。

图2-19 作品"谁藏起了我的生日蛋糕"效果图

研究室

1. 任务分析

作品是半成品，运行程序时，"小猫"作品有1个背景与3个角色，其中2个角色设置为先隐藏后显示，2个角色间还有互动和按键响应，任务分析及功能描述如图2-20所示。

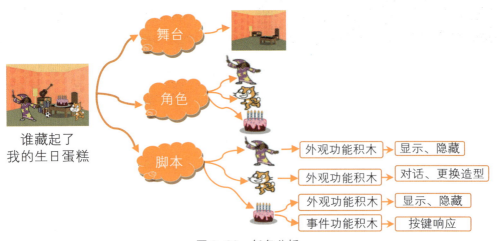

图2-20 任务分析

2. 脚本规划

运行Scratch软件后，打开半成品文件，导入2个角色，并将角色调整到合适的

第 2 章 设置背景和角色

大小与位置,并编写脚本,实现角色先隐藏后显示,以及互动和按键响应等其他功能。任务脚本规划如表 2-3 所示。

表 2-3 脚本规划

舞 台	角 色	任务描述	Scratch 积木
背景图片	魔法师	角色的等待 设置角色的隐藏与显示	事件 控制程序运行 外观 隐藏、显示、对话
	蛋糕	按键响应 角色的隐藏与显示、切换造型	事件 按空格键响应 外观 隐藏、显示、对话

加工坊

01 打开程序 运行 Scratch 软件,打开"谁藏起了我的生日蛋糕(初).sb2"程序。

02 查看已有脚本 选中角色"小猫",单击"脚本"标签,查看如图 2-21 所示的小猫脚本。

03 添加"蛋糕"角色 单击"从角色库中选取角色"按钮,打开"角色库"窗口,添加新角色"Cake"。

04 调整"蛋糕"角色 按图 2-22 所示操作,将"Cake"角色缩小,并拖到合适位置,命名为"蛋糕"。

05 添加"魔法师"角色 打开"角色库"窗口,添加新角色"Wizard1",将角色命名为"魔法师"。

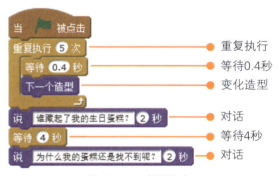

图 2-21 查看脚本

图 2-22 调整"蛋糕"角色

06 隐藏"蛋糕" 单击选择"蛋糕"角色,将积木区的 积木拖到脚本区,按图2-23所示操作,设置将蛋糕隐藏起来。

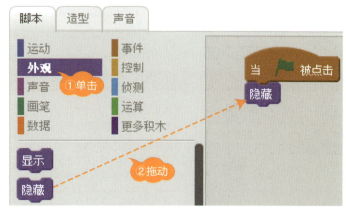

图 2-23 隐藏角色

07 完成"蛋糕"脚本 参照图2-24所示的脚本,完成"蛋糕"角色脚本的编写。

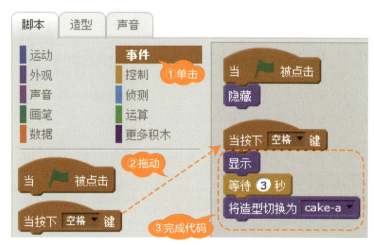

图 2-24 完成"蛋糕"脚本

08 "魔法师"现身 单击选择"魔法师"角色,将积木区的 积木拖到脚本区,按图2-25所示操作,设置将魔法师隐藏、显示起来。

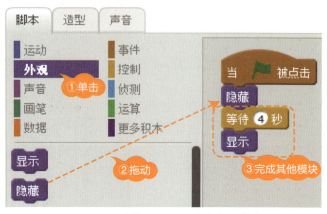

图 2-25 隐藏、显示"魔法师"角色

09 完成"魔法师"对话 按图 2-26 所示操作,完成"魔法师"角色脚本的编写。

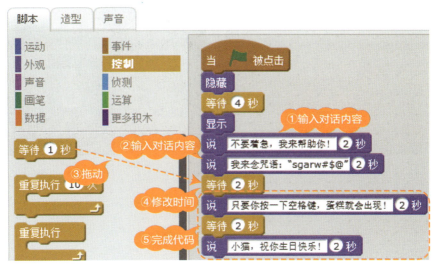

图 2-26 完成"魔法师"脚本

10 保存文件 运行、测试程序,以"谁藏起了我的生日蛋糕(终).sb2"为名保存文件。

2.2 设置舞台背景

扫一扫,看视频

Scratch 的背景又称为舞台,舞台是角色活动的场景。打开 Scratch 软件,背景在预览区的最底层,所以所有角色都在背景之上,背景不可以隐藏,只能切换。

2.2.1 新建、切换舞台背景

在 Scratch 中,新建背景有 4 种方式,分别是:从背景库中选择背景、绘制背景、从文件夹中导入,或者是拍摄照片当作背景。

案例 4 猫咪假日旅行记

假日里小猫去不同的地方旅游,在旅游途中遇到了企鹅,小猫和企鹅见面后非常开心,互相手舞足蹈,效果如图 2-27 所示。

33

图 2-27 作品"猫咪假日旅行记"效果图

研究室

1. 任务分析

新建项目文件,添加多张背景,将背景设置为依次切换出现。小猫出现在每个场景中,以变换造型的动态效果出现,企鹅先隐藏再出现,与小猫相遇,同样以变换造型的动态效果出现。除了设置背景的手动更换外,还需要调整角色的位置、大小、方向,并根据故事的需要对角色进行定时隐藏和显示。任务分析及功能描述如图 2-28 所示。

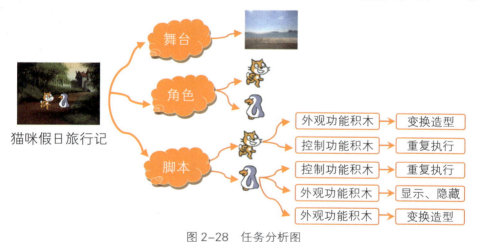

图 2-28 任务分析图

2. 脚本规划

本任务中,共有 5 个背景和 2 个角色,背景设置为不断切换。2 个角色的代码很相近,只是"企鹅"角色增加了隐藏和显示。任务脚本分析如表 2-4 所示。

第 2 章 设置背景和角色

表 2-4 脚本规划

舞台	角色	任务描述	Scratch 积木
舞台背景	小猫	变换造型 重复执行	外观 下一个造型 控制 重复执行、等待……秒
	企鹅	隐藏、显示、变换造型 重复执行	外观 隐藏、显示、下一个造型 控制 重复执行、等待……秒

加工坊

01 **添加背景** 单击"从背景库中选择背景"按钮 ，按图 2-29 所示操作，添加新背景"boardwalk"，按同样的步骤操作，添加其他 4 个背景图片——"bench with view""driveway""castle3"和"hay field"。

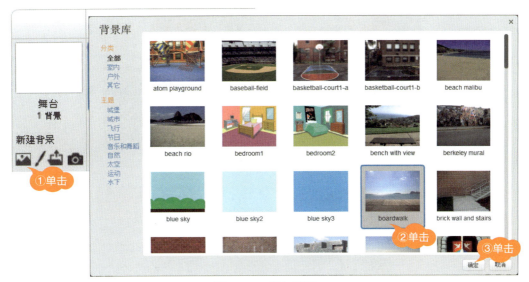

图 2-29 添加背景

02 **添加角色** 打开"角色库"窗口，添加新角色"Penguin1 talk"。
03 **调整角色** 单击角色"Penguin1 talk"，按图 2-30 所示操作，调整其大小后，进行左右翻转。
04 **设置开始背景** 按图 2-31 所示操作，设置故事开始的背景。
05 **编写背景变化脚本** 按图 2-32 所示操作，插入等待控制指令，并完成其他脚本的编写。

图 2-30 调整角色大小

图 2-31 设置故事开始背景

图 2-32 背景变化脚本

第 2 章 设置背景和角色

06 设置小猫动画效果 单击选择"小猫"角色,编写如图 2-33 所示的脚本,将角色"小猫"设置为每过 0.1 秒切换到下一个造型,产生小猫不断走动的动画效果。

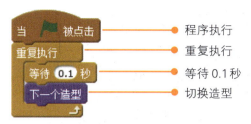

图 2-33 设置动态效果

07 设置企鹅巧遇小猫 单击选择"企鹅"角色,编写如图 2-34 所示的脚本,将角色"企鹅"设置为先隐藏起来等待 4 秒再显示,产生企鹅巧遇小猫的效果。

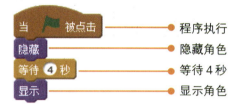

图 2-34 设置"企鹅"隐藏显示

08 完善企鹅脚本 完善脚本,如图 2-35 所示,将角色"企鹅"设置为每过 0.1 秒切换到下一个造型,产生企鹅不断走动的动画效果。

09 保存文件 运行、测试程序,以"猫咪假日旅行记(终).sb2"为名保存文件。

图 2-35 完善企鹅脚本

2.2.2 编辑、绘制舞台背景

根据程序中创设情境的需要,对舞台的背景进行修改和编辑,可以在背景上增加绘制一些物体或对空白背景进行填充。绘制背景和绘制角色的方法很相似,在"图片编辑器"中选择位图或矢量图模式对背景图片进行绘制和修改。

案例 5 火箭游太空

神秘而黑暗的夜空中,星星闪烁,还会有几颗闪亮的流星出现,航天飞机在天空中自由地飞行,效果如图 2-36 所示。

37

图 2-36　作品"火箭游太空"效果图

研究室

1. 任务分析

首先设置舞台背景,在星空背景中绘制两颗行星,转换到矢量图模式,将绘制的另一颗行星修改成流星。删除"小猫"角色、添加"航天飞机"角色。在"航天飞机"脚本中,设置对上、下、左、右 4 个方向键的响应,按下其中一个键,航天飞机立刻调整方向飞行。任务分析及功能描述如图 2-37 所示。

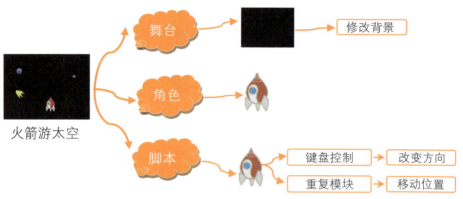

图 2-37　任务分析图

2. 脚本规划

运行 Scratch 软件后,新建项目文件,导入外部背景与角色文件,首先选择背景图片进行转换,变成矢量图模式,再绘制行星和流星。对"火箭"编写脚本,使火箭可以在按下方向键后改变方向飞行。任务脚本分析如表 2-5 所示。

表 2-5 脚本规划

舞台	角色	任务描述	Scratch 积木
舞台背景	火箭	重复执行 移动位置	运动 移动一步 控制 控制程序运行
		按下方向键 火箭改变方向	事件 当按下……键 运动 面向……方向

加工坊

01 **打开文件** 运行 Scratch 软件，新建项目文件。

02 **添加星空背景** 按图 2-38 所示操作，添加"stars"图片作为背景。

图 2-38 添加外部图片背景

03 **修改背景图片** 按图 2-39 所示操作，修改背景图片名称为"星空"，将图片模式改为矢量图，调整好画笔颜色。

图 2-39 修改背景图片

04 绘制"行星"图形 选中"椭圆"工具,按图 2-40 所示操作,绘制出圆形,单击"填充"工具,选择填充样式,对圆形进行填充,绘制出"行星"。

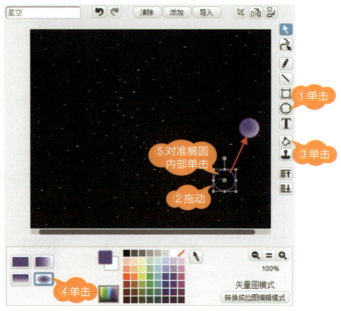

图 2-40 绘制行星

05 绘制流星 参照步骤 4 的操作,绘制一个圆形,按图 2-41 所示操作,选择"变形"工具,拖动圆形上的顶点,使之成为流星的形状。

图 2-41 绘制流星

06 查看已有脚本 选中角色"火箭",单击"脚本"标签,查看如图 2-42 所示的火箭脚本。

07 设置事件响应 拖动 积木到脚本区,按图 2-43 所示操作,选择按下"上移键"方式。

第 2 章　设置背景和角色

图 2-42　查看脚本　　　　　　　图 2-43　设置按键响应

08　向上移动"火箭" 拖动 面向0方向 到 当按下上移键 下方，按如图 2-44 所示，调整角色"向上"移动方向。

09　完成其他设置 参照以上步骤，编写其他方向移动的代码，脚本如图 2-45 所示。

图 2-44　火箭向上移动　　　　　图 2-45　编写其他模块脚本

10　保存文件 运行、测试程序，将文件以"火箭游太空(终).sb2"为名保存。

知识库

>>▷ **1. 舞台的背景大小**

　　舞台背景的宽为 480、高为 360。预览窗口从左边到右边 (x 坐标) 的范围是 −240~240，从上到下 (y 坐标) 的范围是 180~−180。

>>▷ **2. 截取图片作为新角色**

　　当需要选择舞台背景图片中的一部分作为新角色时，可右击舞台背景，选择 save picture of stage 命令，如图 2-46 所示，把图片保存到计算机中，用图片处理软件 (画图、Photoshop) 打开图片裁剪一下，再新建角色，选择"从本地文件中上传文件"命令即可。

图 2-46　截取图片

创新园

1. 选择题

(1) 想使用绘制好的图画作为 Scratch 的背景，应选择的操作方式是（　　）。

　　A. 从背景库中选择背景　　B. 从本地文件中上传背景

　　C. 在造型区绘制新背景　　D. 拍摄照片当作背景

(2) 要切换 Scratch 中的背景时，可选用的指令为（　　）。

　　A. 将角色的大小增加　　B. 下一个背景

　　C. 碰到边缘就反弹　　　D. 下一个造型

2. 操作题

打开"幽灵的故事"文件，在背景库中挑选一些夜间的场景，将背景设置为不断切换，效果如图 2-47 所示。

图 2-47　作品"幽灵的故事"效果图

第 3 章 制作简单动画

制作动画离不开角色造型的设计、角色的动作,以及角色的对话等,使用 Scratch 提供的"控制""运动""外观"及"声音"等模块中的积木,能够制作简单的动画作品。

本章通过 8 个案例,分别介绍移动角色的各种方式,添加角色造型与修改造型,以及为角色配音、模拟角色说话、处理背景音乐的各种方法。

 控制角色动作(移动角色、旋转角色、角色跟随鼠标、面向角色移动)

 设置角色造型(创建角色造型、编辑与修改角色造型)

 添加角色声音(录制声音、导入声音、编辑声音、设置声音)

3.1 控制角色动作

扫一扫，看视频

在 Scratch 中，角色的运动方式有移动、旋转、面向指针、直接移到某个位置，或 1 秒内滑到某个位置等。使用这些功能，可以制作角色的各种运动效果。

3.1.1 角色移动

通过"运动"模块中的"移动"积木，可以让角色在舞台上水平移动；通过"碰到边缘就反弹"积木，可以让角色移到舞台边缘时往回走；使用"在 1 秒中滑到某个位置"积木，可以产生射出子弹的效果。

案例 1　小球打苍蝇

苍蝇在空中嚣张地飞来飞去，现在手上的武器只有小球，要让小球射向苍蝇，并且打中苍蝇，效果如图 3-1 所示。

图 3-1　作品"小球打苍蝇"效果图

研究室

1. 任务分析

作品是半成品，运行程序时，可以发现"苍蝇"能够在舞台上沿水平方向移动，并且碰到边缘就反弹。现在需要观察苍蝇水平移动的效果是如何通过脚本实现的，另外添加角色"小球"，设置"小球"运动的效果为射向"苍蝇"，并且打中"苍蝇"时产生爆炸效果。任务分析及功能描述如图 3-2 所示。

第 3 章 制作简单动画

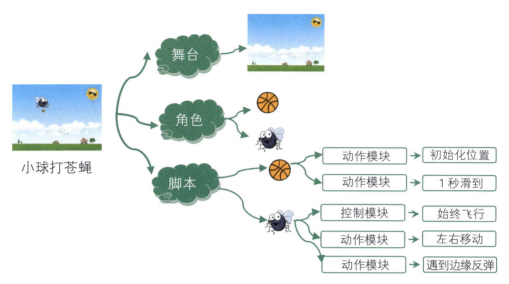

图 3-2 任务分析图

 **2. 脚本规划**

本案例是半成品,角色"苍蝇"中的脚本已编写完毕,接下来所有的脚本都在"小球"角色中完成。当单击绿旗时,初始化小球的位置;当按下空格键时,小球沿直线射向苍蝇。任务脚本分析如表 3-1 所示。

表 3-1 脚本规划

舞台	角色	任务描述	Scratch 积木
背景	小球	初始化小球的位置	事件 控制程序运行 运动 移动到指定坐标位置
		小球的移动方式是射出	事件 按空格键执行 运动 在 1 秒内滑到指定位置

加工坊

01 **打开文件** 运行 Scratch 软件,打开文件"小球打苍蝇(初).sb2"。

02 **查看已有脚本** 选中角色"苍蝇",单击"脚本"标签,查看如图 3-3 所示的苍蝇脚本。

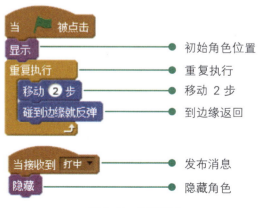

图 3-3 查看脚本

03 **添加角色** 单击"从角色库中选取"按钮，按图3-4所示操作，添加新角色。

图3-4 添加角色

04 **修改角色名称** 按图3-5所示操作，将角色的名称修改为"小球"，并将角色设置成隐藏状态。

图3-5 修改角色名称

05 **编写初始化小球位置脚本** 按图3-6所示，初始化小球位置，单击"运行"按钮时，小球位置在屏幕下方。

图3-6 编写初始化小球位置脚本

06 编写射出"小球"脚本 选中角色"小球",编写脚本,如图 3-7 所示,将角色"小球"设置成按空格键时 1 秒滑到苍蝇方向,产生射出效果。

图 3-7 射出小球脚本

07 保存文件 单击"运行"按钮 ▶,测试程序,并选择"文件"→"另存为"命令,保存为"小球打苍蝇(终).sb2"文件。

🐾 3.1.2 角色旋转

使用"动作"模块中的"向右旋转 15 度"与"向左旋转 15 度",可以使角色沿着一定的方向转动相应度数,产生旋转效果。

📗 案例 2 旋转的风车

夏天的田野,远处蓝天白云、林深叶茂,近处绿草如茵,山坡上的风车叶片随风旋转,运行后效果如图 3-8 所示。

图 3-8 作品"旋转的风车"效果图

研究室

🔍 1. 任务分析

作品中有 1 个背景与 2 个角色"风车叶片",脚本写在角色"风车叶片"中,任务分析及功能描述如图 3-9 所示。

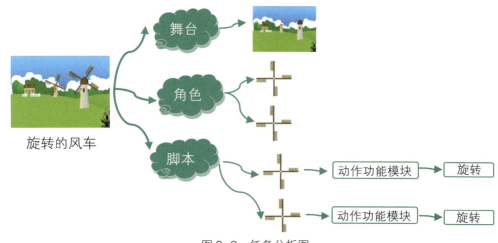

图 3-9 任务分析图

2. 脚本规划

打开已有文件,导入外部背景与角色文件,并将角色文件调整到合适的大小与位置,并编写脚本,实现旋转功能。因为 2 个角色都是风车叶片,只需设置完成一个,另一个可以通过单击复制按钮复制得到,任务脚本分析如表 3-2 所示。

表 3-2 脚本规划

舞 台	角 色	任务描述	Scratch 积木
背景图片	风车叶片 1	设置角色的位置与大小 设置角色的旋转效果	事件 控制程序运行 控制 重复…… 运动 向右旋转
	风车叶片 2	复制、修改,实现顺时针旋转	复制角色 改变大小

加工坊

01 打开文件 运行 Scratch 软件,打开文件"旋转的风车(初).sb2"。

02 导入背景 单击"从本地文件中上传背景"按钮,上传文件"背景.png"。

03 导入角色 单击"从本地文件中上传角色"按钮,上传文件"风车.png"。

04 调整角色大小 按图 3-10 所示操作,调整风车叶片的大小,并拖到合适位置。

05 添加角色代码 选中角色"风车叶片",单击"脚本"标签,编写脚本,如图 3-11 所示。

06 优化角色旋转效果 单击"运行"按钮,测试程序时发现,只有不停单击 按钮时,风车才能保持旋转,如要使风车叶片自由旋转,需添加相应积木,如图 3-12 所示。

第 3 章 制作简单动画

图 3-10 调整角色大小

图 3-11 添加角色代码

图 3-12 优化角色旋转效果

07 复制角色 按图 3-13 所示操作，复制得到另一个风车叶片。

图 3-13 复制角色

49

08 调整角色大小与位置 将复制得到的角色"风车2"调整到合适大小,并拖到合适位置。

09 保存文件 运行、测试程序,保存文件为"旋转的风车(终).sb2"。

3.1.3 角色跟随

使用"运动"模块中的"移向鼠标指针"与"面向鼠标指针"积木,可以将角色设置成跟随鼠标移动或面向某个角色移动的效果。

案例3 小猫抓老鼠

老鼠能随鼠标灵活移动,而反应超快的小猫总能根据老鼠的位置,调整方向抓老鼠,效果如图3-14所示,当小猫抓住老鼠时,显示"抓住老鼠了"。

图3-14 作品"小猫抓老鼠"效果图

研究室

1. 任务分析

本作品有1个背景与2个角色,因为提供的是半成品,首先对原作品进行分析,读懂作品的构成及代码功能。角色"小猫"需添加脚本,实现面向老鼠移动,而角色老鼠需有跟随鼠标的效果,任务分析及功能描述如图3-15所示。

2. 脚本规划

角色"小猫"的初始位置坐标是(-170,-109),并能沿着当前方向移动,如果碰到角色"老鼠"会发出消息"抓住老鼠了"。现在需要为角色"老鼠"设置随鼠标效果,而小猫需找着老鼠的方向,跑过去抓老鼠,任务脚本分析如表3-3所示。

第 3 章 制作简单动画

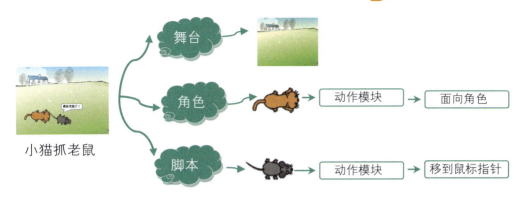

图 3-15 任务分析图

表 3-3 脚本规划

舞台	角色	任务描述	Scratch 积木
背景	小猫	已能够向一个方向移动，需添加积木，能使小猫面向老鼠移动	运动 面向角色 控制 重复……
	老鼠	老鼠跟随鼠标移动，被小猫抓到时显示消息"抓到老鼠了"	事件 控制程序运行 运动 跟随鼠标指针 外观 显示信息

 加工坊

01 **打开文件** 运行 Scratch 软件，打开"小猫抓老鼠(初).sb2"文件。
02 **查看已有脚本** 选择角色"小猫"，单击"脚本"标签，查看代码作用，如图 3-16 所示。

图 3-16 查看已有脚本

51

03 为脚本添加积木 选中角色"小猫",选择"脚本"标签,按图 3-17 所示添加积木。

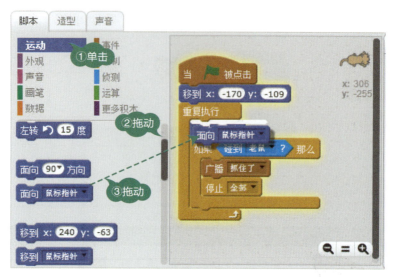

图 3-17 添加积木

04 修改积木参数 按图 3-18 所示,将积木"面向鼠标指针"的参数修改为"面向老鼠",使角色"小猫"面向"老鼠"移动。

05 编写角色"老鼠"脚本 选择角色"老鼠",单击"脚本"标签,编写如图 3-19 所示的脚本。

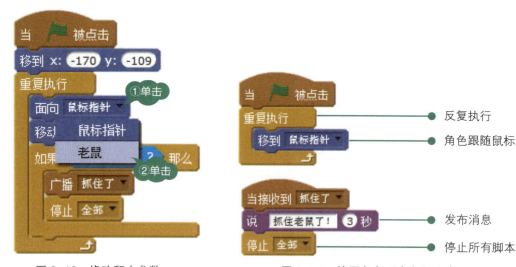

图 3-18 修改积木参数　　　　图 3-19 编写角色"老鼠"脚本

06 保存文件 运行、测试程序,以"小猫抓老鼠(终).sb2"为名保存文件。

创新园

 1. 选择题

(1) 在 Scratch 中，为角色"小猫"添加了如图 3-20 所示的脚本，单击"运行"按钮 ▶，能达到的效果是（　　）。

A. 小猫向左移动　　　　　　　B. 小猫向右移动
C. 小猫向上移动　　　　　　　D. 小猫向下移动

(2) 在 Scratch 中，为角色"小鱼"添加了如图 3-21 所示的脚本，单击"运行"按钮 ▶，小鱼的初始化位置是（　　）。

A. 在舞台的左上角　　　　　　B. 在舞台的右上角
C. 在舞台的正中间　　　　　　D. 在舞台的右下角

图 3-20　为角色"小猫"添加脚本　　　　图 3-21　为角色"小鱼"添加脚本

 2. 操作题

(1) 打开文件"女巫.sb2"，效果如图 3-22 所示，为角色"女巫"编写脚本，使"女巫"能跟随鼠标移动。

(2) 打开文件"卡通时钟.sb2"，效果如图 3-23 所示，为角色"秒针"编写脚本，能实现秒针正常旋转的效果。

图 3-22　角色"女巫"　　　　　　　　图 3-23　卡通时钟

知识库

1. 角色的坐标

在 Scratch 中,每一个角色在舞台上的位置都是用坐标来确定的。如图 3-24 所示,小猫的坐标是 (100,100),其中第 1 个数字表示角色位于水平方向 x 轴的位置,第 2 个数字表示角色位于垂直方向 y 轴的位置。

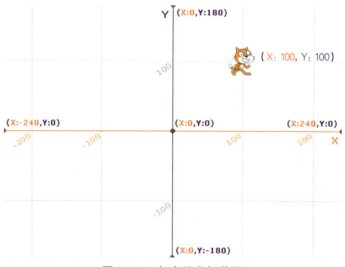

图 3-24 舞台的坐标范围

2. 角色的方向

在 Scratch 中,将上下左右 4 个方向定义为 4 种角度,向上为 0°(或为 360°),向下为 180°,向右为 90°,向左为 –90°(或为 270°),其他角度如图 3-25 所示。

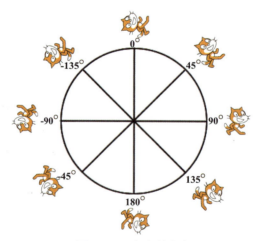

图 3-25 角色的方向

第 3 章 制作简单动画

3.2 设置角色造型

扫一扫，看视频

通过角色造型，可以设计出个性化的角色，或为角色设计出流畅的动作，通过一个角色的多个造型可以制作动物奔跑、人物走动的动画。

3.2.1 构建造型

角色造型可以通过 4 种方式构建，分别是"在造型库中选择造型""自己绘制造型""上传本地文件作为造型""拍摄照片作为造型"。

案例 4　跳街舞的小萌娃

儿童节联欢会上，小萌娃表演了一段难度较高的舞蹈。音乐开始前，小萌娃摆好的造型，酷炫的音乐响起，尽情舞动，效果如图 3-26 所示。

图 3-26　作品"跳街舞的小萌娃"效果图

研究室

1. 任务分析

本作品只有 1 个场景与 1 个角色，添加背景与角色后，需要在角色的"造型"标签中，为角色"小萌娃"按顺序添加各种造型，再通过脚本实现造型的按序播放，产生流畅的舞蹈动作，任务分析及功能描述如图 3-27 所示。

2. 脚本规划

本案例提供的文件是半成品，文件中已上传角色的 1 个造型，所有脚本都在"小萌娃"角色中完成，由控制模块控制舞蹈的开始时间，舞蹈时间由背景音乐决定，音乐播放完毕，舞蹈停止，任务脚本分析如表 3-4 所示。

Scratch 创意编程趣味课堂

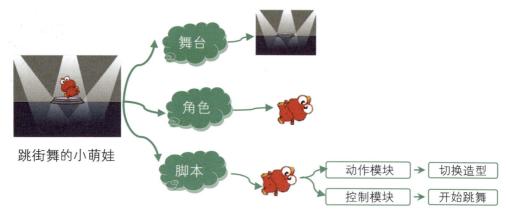

图 3-27 任务分析图

表 3-4 脚本规划

舞台	角色	任务描述	Scratch 积木
背景	小萌娃	单击绿旗时，摆造型，准备跳舞	事件 控制动作 运动 切换到造型
		接到消息时，开始跳舞 音乐播放完，停止跳舞	控制 重复执行…… 运动 在各种造型间切换

加工坊

01 打开文件 运行 Scratch 软件，打开文件"跳街舞的小萌娃(初).sb2"。

02 查看已有的角色与脚本 选中角色"小萌娃"，可以看到其中只有 1 个造型，角色已有的脚本如图 3-28 所示。

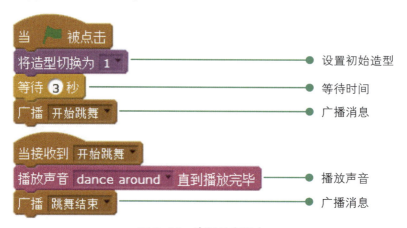

图 3-28 查看已有脚本

03 添加角色造型 选中角色，按图 3-29 所示操作，为角色"小萌娃"添加第 2 个造型。

图 3-29 添加角色造型

04 添加其他造型 用上面同样的方法，分别为角色添加其他造型。

05 编写脚本 选中角色"小萌娃"，为角色编写相应脚本，如图 3-30 所示。

06 保存文件 运行、测试程序，将文件以"跳街舞的小萌娃(终).sb2"为名。

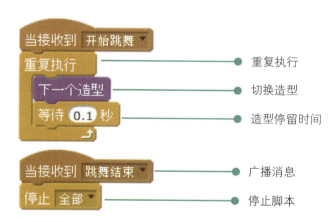

图 3-30 为角色"小萌娃"编写脚本

3.2.2 编辑造型

制作动画的过程中，需要大量的素材，角色库、造型库及网上不可能完全按需求提供所有素材，这时就需要根据提供的材料进行编辑、修改。

案例 5　飞舞的蝴蝶

春天的野外，蓝天上飘着朵朵白云，绿色的树木与草地，花儿怒放，蝴蝶翩翩起舞，效果如图 3-31 所示。

图 3-31　作品"飞舞的蝴蝶"效果图

研究室

1. 任务分析

作品有 1 个背景与多个角色，已对部分角色编写脚本，运行程序时，天空中缺少白云，蝴蝶虽能移动，遇到边缘能反弹，但美中不足的是蝴蝶颜色单调，并且倒着飞行，不符合飞行规律，需要编辑、修改。任务分析及功能描述如图 3-32 所示。

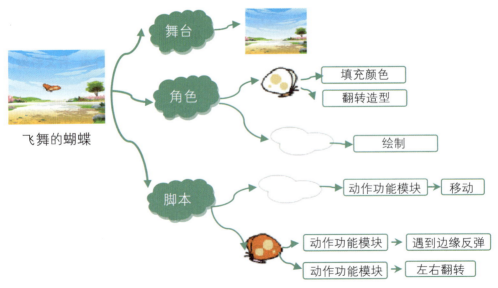

图 3-32　任务分析图

2. 造型规划

本案例是半成品,需要绘制角色"白云",需要将角色"蝴蝶"的造型进行水平翻转,从而调整蝴蝶的飞行方向;选择"填充"工具,修改蝴蝶的颜色,造型规划分析如表 3-5 所示。

表 3-5 造型规划

舞 台	角 色	任务描述	造型命令
背景	蝴蝶	修改角色的颜色,用鲜艳的橙色填充	颜色桶,用来修改颜色
		调整角色的方向,使蝴蝶能正常飞行	水平翻转角色
	白云	绘制角色	绘制椭圆,组成云朵

加工坊

01 打开文件 运行 Scratch 软件,打开"飞舞的蝴蝶(初).sb2"文件。

02 绘制白色椭圆 选中角色"云朵"的"造型"标签,按图 3-33 所示操作,绘制白色椭圆。

图 3-33 绘制白色椭圆

03 复制椭圆组成云朵 单击"图形复制"工具,按住 Shift 键,拖动得到其他椭圆,组成云朵。

04 修改角色颜色 选中角色"蝴蝶",按图 3-34 所示操作,将蝴蝶的造型 1 换成橙色填充。

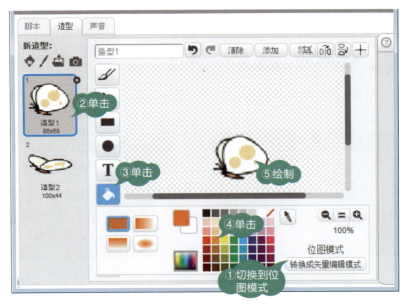

图 3-34 填充颜色

05 修改其他造型颜色 用上面同样的方法,将造型 2 的颜色也用橙色填充。

06 翻转造型 按图 3-35 所示操作,将角色"蝴蝶"的造型 1 进行水平翻转。

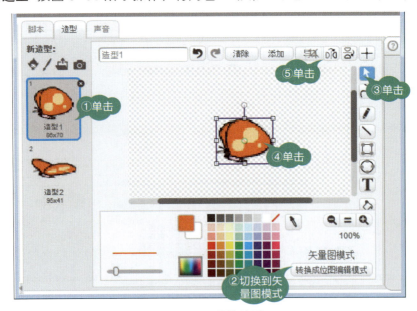

图 3-35 翻转造型

07 翻转其他造型 用上面同样的方法,将角色"蝴蝶"的造型 2 也进行水平翻转。

08 保存文件 运行、测试程序,将文件以"飞舞的蝴蝶(终).sb2"为名保存。

 创新园

1. 选择题

(1) 在 Scratch 的位图模式下，为绘制的图形填充颜色，应该选择的工具是（　　）。
A. 　　　B. 　　　C. 　　　D.

(2) 在 Scratch 中制作背景，如图 3-36 所示，太阳在风景的下方，如要调整叠放次序，需要单击的按钮是（　　）。

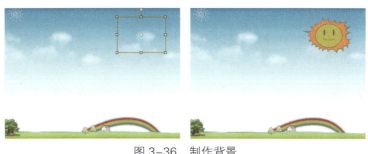

图 3-36　制作背景

A. 　　　B. 　　　C. 　　　D.

2. 操作题

(1) 打开文件"雪花飘.sb2"，使用"复制"工具复制雪花，并调整雪花的大小，效果如图 3-37 所示。

图 3-37　雪花效果

(2) 打开文件"小鱼.sb2"，为角色"小鱼"换颜色，效果如图 3-38 所示。

图 3-38　为角色换颜色

知识库

1. 矢量图与位图

位图由点组成,这些点可以进行不同的排列构成图样,当放大位图时,会出现马赛克效果;而矢量图是绘制的图形,可以是一个点或一条线,放大后图像不会出现马赛克效果。

2. 矢量绘图工具

Scratch 2.0 软件自带图形编辑器,大大方便了背景与角色的设计,Scratch 图形编辑器有两种工作模式,即位图模式和矢量图模式。矢量图、位图工具栏如图 3-39 所示。

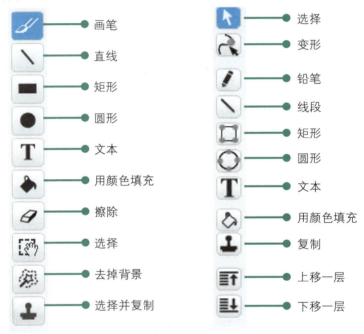

图 3-39 位图工具栏与矢量图工具栏

- **选择工具** 用于图形的选择,选中图形后,可利用 8 个矩形控点和 1 个圆形控点对图形进行放大、缩小、翻转等变形操作,以及对图形进行任意角度的旋转。
- **变形工具** 利用变形工具选中图形后,在图形的边框上会出现一些"锚点",利用这些锚点可以任意改变图形的形状。
- **铅笔工具** 可进行自由绘画,在绘图区域的下方可选择粗细和颜色。
- **线段工具** 绘制线段,在绘图区域的下方可选择粗细和颜色。
- **矩形工具** 绘制空心或实心的正方形(按住 Shift 键)或长方形,颜色在绘图区域下方的调色盘中选择。

- **圆形工具** 绘制空心或实心的圆形（按住 Shift 键）和椭圆形，颜色在绘图区域下方的调色盘中选择。
- **文本工具** 输入文本，可自己选择字体，颜色也可在绘图区域下方的调色盘中选择。
- **用颜色填充** 可为选中的形状填色，颜色在绘图区域下方的调色盘中选择。
- **复制工具** 选中对象，单击可以复制对象。
- **上移一层工具** 选择对象，单击可将对象上移一层。
- **下移一层工具** 选择对象，单击可将对象下移一层。

3.3 添加角色声音

扫一扫，看视频

使用背景或角色的"声音"标签，可以为动画配上背景音乐，或者为角色配音，使动画更具感染力。

3.3.1 新建声音

在 Scratch 软件中，可以自己录制声音、在声音库中选择声音或者上传声音文件，还可以对声音文件进行简单处理，达到想要的音效。

案例 6　飞奔的骏马

大草原上绿草青青，白色的骏马在草地上欢快地跑着，效果如图 3-40 所示，马儿从面前跑过，马蹄阵阵，近处声音大，远处声音小。

图 3-40　作品"飞奔的骏马"效果图

1. 任务分析

作品为半成品，角色"骏马"已经在舞台上能左右移动，现在需要添加声音文件，使马跑动时,听到马蹄声。任务分析及功能描述如图 3-41 所示。

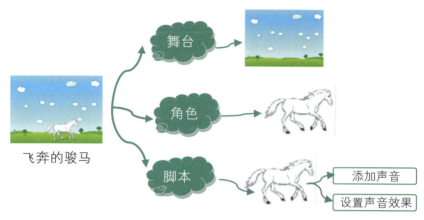

图 3-41　任务分析图

2. 脚本规划

本案例中,所有脚本都在"骏马"角色中完成。如表 3-6 所示,首先要删除默认音效,再为角色添加音效。

表 3-6　脚本规划

舞 台	角 色	任务描述	Scratch 积木
背景	骏马	添加声音效果	🔊 🎤 📁 在声音库中选择
		播放声音	事件 控制动画 声音 播放声音

加工坊

01　**打开文件**　运行 Scratch 软件,打开文件"飞奔的骏马(初).sb2"。

02　**删除默认声音**　选中角色"骏马",选择"声音"标签,按图 3-42 所示操作,删除原来的声音效果。

图 3-42　删除声音

03 添加声音 按图 3-43 所示操作，插入声音库中的声音"horse gallop"。

图 3-43 添加声音

04 编写播放声音脚本 选中角色"骏马"，编写脚本，如图 3-44 所示。

05 保存文件 运行、测试程序，将文件以"飞奔的骏马（终）.sb2"为名保存。

图 3-44 编写播放声音脚本

3.3.2 编辑声音

在 Scratch 软件中，可对声音进行简单处理，如剪切、复制、粘贴声音，再编写脚本，控制声音播放，使得声音与动画能够实现同步。

案例 7 父女对话

Flash 中有一个经典的小动画"父女对话"，小猪问爸爸："爸爸，如果地上有一张五块，一张十块，你会拿哪一张？"爸爸说："当然是拿十块的啰！"小猪又说："爸爸，你很笨呢，你不会两张都拿？"使用 Scratch 为动画配音，制作笑话，效果如图 3-45 所示。

图 3-45 作品"父女对话"效果图

研究室

1. 任务分析

作品有1个背景与2个角色,角色为"父亲"与"女儿",本作品是父亲与女儿的对话。任务分析及功能描述如图3-46所示。

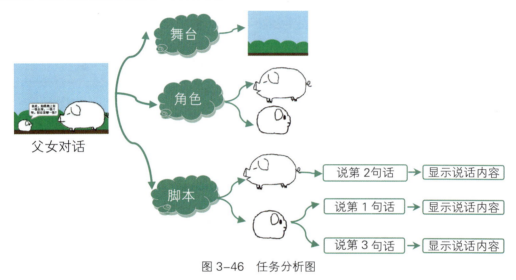

图 3-46 任务分析图

2. 脚本规划

本作品为半成品,已添加了背景与2个角色,并且已为2个角色设置好了造型,另外对话的声音也录制完毕。在一个文件中,需要对录制的声音文件进行处理,然后编写脚本,实现父女对话的声画同步。任务脚本分析如表3-7所示。

表 3-7 脚本规划

舞台	角色	任务描述	Scratch 积木
背景	父亲	当女儿说话时,父亲不说话 当父亲说话时,显示父亲说话的内容 说话的顺序是:第1句女儿;第2句父亲;第3句女儿	在本地文件中选择声音 效果▼ 在一个声音文件中剪切部分声音 事件 控制动画 声音 播放声音
	女儿	当父亲说话时,女儿不说话 当女儿说话时,显示女儿说话的内容	在本地文件中选择声音 效果▼ 在一个声音文件中剪切部分声音 事件 控制动画 声音 播放声音

处理声音文件

准备的素材中声音文件只有一个，包括 3 句话，其中说第 1、3 句是女儿，说第 2 句是父亲，需先将各自说的话，在各自角色中进行处理。

01 导入声音文件 运行 Scratch 软件，打开"父女对话(初).sb2"文件，选中角色"女儿"，单击"声音"标签，按图 3-47 所示操作，导入声音文件。

图 3-47 导入声音

02 查看每句话的起始位置 按图 3-48 所示操作，查看每句话的起始位置。

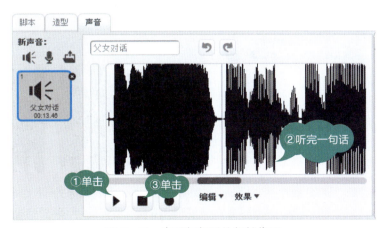

图 3-48 查看每句话的起始位置

03 **裁剪得到第 1 句话** 从第 2 句开始拖到声音文件的最后，按图 3-49 所示操作，裁剪掉声音文件的后面部分，得到第 1 句话 (女儿说的)。

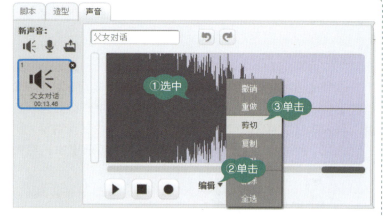

图 3-49　裁剪声音

04 **粘贴声音**　按图 3-50 所示操作，粘贴声音。

05 **裁剪声音**　用上面同样的方法，将前面父亲的声音删除，留下第 3 句话 (女儿说的)。

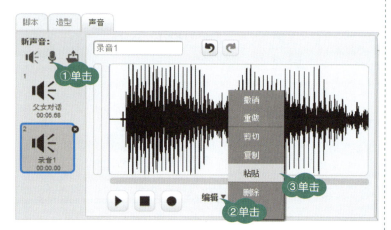

图 3-50　粘贴声音

06 **给声音命名**　选中相应的声音，分别命名为"女儿说话 1""女儿说话 2"，效果如图 3-51 所示。

图 3-51　给声音命名

07 **处理父亲说的话**　选中角色"父亲"，用上面同样的方法，导入、处理声音，并取名为"父亲说话"。

处理角色造型

父亲与女儿各有两个造型。要实现说话状态,应该编写相应脚本,并且还要实现父亲说话时女儿不说,女儿说话时父亲不说。

01　编写角色"父亲"造型脚本　为角色"父亲"编写造型脚本,如图3-52所示。

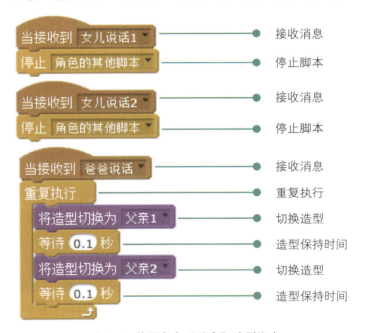

图3-52　编写角色"父亲"造型脚本

02　编写角色"女儿"造型脚本　为角色"女儿"编写造型脚本,如图3-53所示。

图3-53　编写角色"女儿"造型脚本

实现声画同步

制作动画的关键在于声音同步,并且谁说话时显示相应文本内容,应该选择角色,编写相应脚本。

01 编写角色"父亲"说话脚本 为角色"父亲"编写说话脚本,如图3-54所示。

图3-54 编写角色"父亲"说话脚本

02 编写角色"女儿"说话脚本 为角色"女儿"编写说话脚本,如图3-55所示。

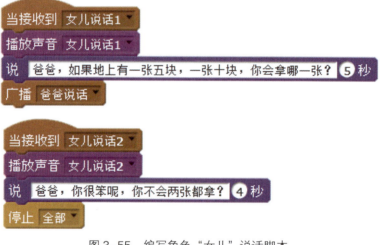

图3-55 编写角色"女儿"说话脚本

03 保存文件 运行、测试程序,将文件以"父女对话(终).sb2"为名保存。

3.3.3 设置声音效果

在Scratch软件中,可以自己录制声音、在声音库中选择声音或者上传声音文件,还可以对声音文件进行简单处理,如设置成淡入淡出、增大音量、减小音量等,达到想要的音效。

案例8 森林里的小动物

森林是动物们的快乐天堂,春天万物复苏,花儿绽开了笑脸,小草探出了头,小树在微风中轻轻舞动着嫩绿的枝条，冬眠的动物苏醒了，森林里一片热闹的景象，效果如图 3-56 所示。

图 3-56 作品"森林里的小动物"效果图

研究室

1. 任务分析

作品为半成品，舞台上已有背景，添加了角色"小鸟""青蛙"，并且小鸟飞行的脚本已编写完毕，已经在舞台上能左右移动，现在需要添加背景音乐、小鸟及青蛙的声音文件，并设置成相应的效果。任务分析及功能描述如图 3-57 所示。

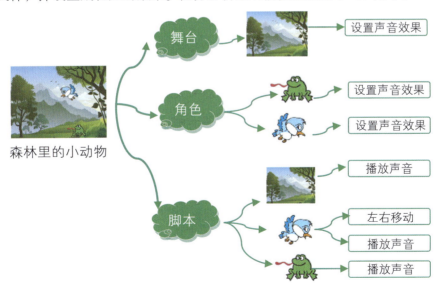

图 3-57 任务分析图

2. 脚本规划

已在背景与角色中添加了相应的音乐,现在需要将背景音乐、小鸟、青蛙的声音进行处理,并在角色的相应脚本中编写语句,实现声音的正确播放。任务脚本分析如表 3-8 所示。

表 3-8 脚本规划

舞台	角色	任务描述	Scratch 积木
背景	小鸟	叫声变大,每过 2 秒叫一次	在声音库中选择
		沿水平方向飞行	运动 移动、遇到边缘返回
		动画播放时,音量适中的背景音乐慢慢响起	编辑▼ 效果▼ 设置声音效果
	青蛙	叫声变大,每过 5 秒叫一次	编辑▼ 效果▼ 设置声音效果

加工坊

01 **打开文件** 运行 Scratch 软件,打开文件"森林里的小动物(初).sb2"。

02 **设置背景音乐淡入效果** 选中背景,按图 3-58 所示操作,将背景音乐的声音设置为"淡入"。

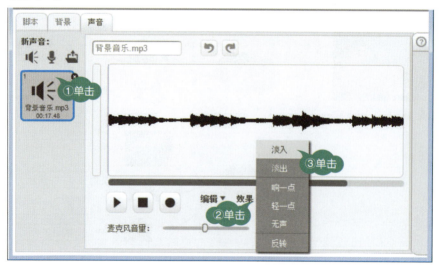

图 3-58 设置背景音乐淡入效果

03 **设置背景音乐轻一点效果** 用上面同样的方法，将背景音乐设置成轻一点的效果，可多次设置，直到背景音乐适中为止。
04 **设置背景音乐淡出效果** 用上面同样的方法，将背景音乐设置淡出效果。
05 **编写播放背景音乐的脚本** 选中背景，编写脚本，如图3-59所示。
06 **处理其他角色音乐效果** 用上面同样的方法，将角色"小鸟"与"青蛙"的声音适当增大。
07 **编写其他角色播放音乐的脚本** 用上面同样的方法，编写角色"小鸟"与"青蛙"的脚本，如图3-60所示。

图3-59　编写脚本

图3-60　角色"小鸟"与"青蛙"的脚本

08 **保存文件** 运行、测试程序，将文件以"森林里的小动物(终).sb2"为名保存。

创新园

1. 选择题

(1) 在Scratch中，按图3-61所示处理声音，能达到的效果是(　　)。

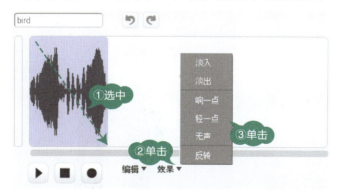

图3-61　处理声音

A. 淡入　　　　　B. 淡出　　　　　C. 响一点　　　　　D. 轻一点

(2) 在 Scratch 中，按图 3-62 所示操作，编辑角色，能达到的效果是（　　）。

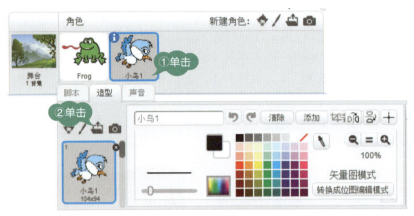

图 3-62　编辑角色

A. 从造型库上传造型　　　　　　　B. 绘制新造型
C. 从本地文件中上传造型　　　　　D. 拍摄图片当作造型

 2. 操作题

(1) 打开文件"可爱的小狗.sb2"，为角色"蝙蝠"与"小狗"录制声音与编写脚本，实现对话，效果如图 3-63 所示。

图 3-63　效果 1

(2) 打开文件"小马过河.sb2"，为角色"老马"与"小马"添加声音与编写脚本，实现对话，效果如图 3-64 所示。

图 3-64　效果 2

知识库

1. 获取角色声音

在 Scratch 中，获取角色声音的 3 种方式分别是"从声音库选取声音""录制声音"和"从本地文件中上传声音"。

- **从声音库选取声音** 单击"声音"标签中的"从声音库选取声音"按钮，可以打开"声音库"，声音库中提供了动物、歌声、人声等 8 个项目 100 多个声音效果。
- **录制声音** 录制声音首先要连接麦克风、调试麦克风。录制时，单击"声音"标签中的"录制新声音"按钮，再单击"录制"按钮，录制完成后，单击"停止"按钮。
- **从本地文件中上传声音** 单击"声音"标签中的"从本地文件中上传声音"按钮，可上传 MP3、WAV 等格式的声音文件。

2. 播放声音

在 Scratch 中，播放声音非常灵活，使用"声音"标签，可以从头到尾播放，也可以从指定位置开始播放，或者播放选中的部分声音等。

3. 编辑声音

在 Scratch 中，可以对声音进行全选、复制、粘贴、删除等一系列操作，通过这些命令的组合，可以方便编辑声音文件。

- **选择部分声音** 在"声音"标签中，可以采用拖动的方法，选择部分声音。
- **删除选择声音** 选择此命令，会删除选中的声音。
- **复制声音** 选择此命令，会将选中的声音进行复制。

4. 设置声音效果

在 Scratch 中，可以对声音进行淡入、淡出、响一点、轻一点等一系列操作，根据动画的要求，设置声音文件的效果。

- **淡入** 可将选中的声音设置成慢慢变大的效果。
- **淡出** 可将选中的声音设置成慢慢变小的效果。
- **响一点** 可将选中的声音设置的声响大一点。
- **轻一点** 可将选中的声音设置的声响小一点。
- **无声** 在录制声音的过程中，选择无声，可以将电流声去掉。
- **反转** 可将声音反转。

第 4 章　控制程序结构

在生活中，我们常常将有些事情按顺序去做，即一件完成后再去做下一件。也经常会遇到事情，先要做条件判断，根据不同的判断结果有不同的处理方式。这些来源于生活的处理方式都可以用计算机的程序结构来表示。

按照由上到下的顺序执行的程序是顺序结构，根据不同的条件判断来决定程序执行走向的程序是选择结构，需要重复执行同一操作的程序是循环结构。我们灵活运用这 3 种基本结构，就可以编写出各种各样的程序，解决许多实际的问题。

 顺序结构（赋值语句、数据的输入、数据的输出）

 选择结构（单分支结构、双分支结构、嵌套选择）

 循环结构（计数循环、无限循环、直到循环、嵌套循环）

第 4 章　控制程序结构

4.1　顺序结构

顺序结构是最为简单的一种程序控制，只须依次拖动相应功能的积木，按自上而下的顺序排列而成。在执行顺序程序时，Scratch 依次按顺序执行积木，实现程序的功能。

4.1.1　赋值语句

在 Scratch 中，给积木设置数值的过程称为赋值。通过赋值，可以对小猫的坐标进行设置数值，也可以对小猫的行走方向进行设置角度，还可以对小猫说话的时间进行设置长短。怎么样，快来体验一下赋值语句的作用吧！

扫一扫，看视频

▋ 案例 1　小猫踢足球

小猫是足球运动的爱好者，编写小猫踢足球动画是一件非常有趣的事情。如图 4-1 所示，小猫跑向足球，然后用力将足球踢向球门，足球滚入球网。

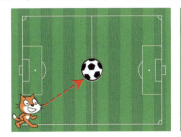 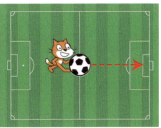 

图 4-1　作品"小猫踢足球"效果图

研究室

 1. 任务分析

首先添加"足球场.jpg"图片为舞台背景，保留"小猫"角色、添加"足球"角色。在"小猫"脚本中，使用赋值语句对"小猫"角色的起始位置、滑动时间和终止位置进行设置。在"足球"脚本中，使用赋值语句对"足球"角色的起始位置、等待时间、滑动时间和终止位置进行设置。任务分析及功能描述如图 4-2 所示。

 2. 脚本规划

本案例中，脚本都在"小猫"与"足球"角色中完成。如表 4-1 所示，分别赋值设置"小猫"与"足球"角色脚本的初始位置、移动时所花费的时间、终止位置等。

77

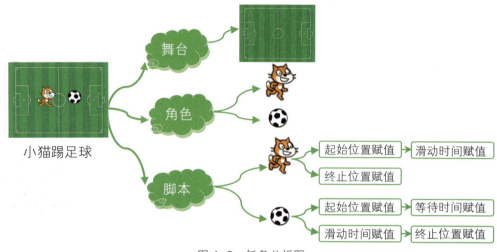

图 4-2　任务分析图

表 4-1　脚本规划

舞台	角色	任务描述	Scratch 积木
舞台背景	小猫	单击 ▶，程序开始执行；小猫移到起始位置 在 2 秒时间中，小猫从起始位置 (-182,-110)，移到终止位置 (-57,-16)	事件　当 ▶ 被单击 运动　移到 x,y 坐标 运动　在规定的时间内，滑行到 x,y 的坐标
	足球	单击 ▶，程序开始执行 足球移到起始位置 等待 2 秒，此时小猫正向足球移动 在 2 秒时间中，足球从起始位置 (0,0)，移到终止位置 (179,21) 足球向右转动 90°	事件　当 ▶ 被单击 运动　移到 x,y 坐标 控制　等待 2 秒 运动　在规定的时间内，滑行到 x,y 的坐标 运动　右转 90°

加工坊

01　新建并保存项目　新建 Scratch 项目，保存文件为"小猫踢足球 .sb2"。

02　添加背景　单击"从本地文件中上传背景"按钮，打开"小猫踢足球"素材文件夹，添加新背景"足球场 .jpg"文件。

03　调整小猫角色　按图 4-3 所示操作，更改角色名称，调整角色的起始位置。

04　设置开始响应　选择"小猫"脚本，将 拖到脚本区。

05　赋值设置小猫起始位置　拖动"小猫"角色，Scratch 自动为"移到 x:……y:……"积木进行赋值，将积木拖到脚本区。

第 4 章 控制程序结构

调整前的位置　　　　　　　　　调整后的位置

图 4-3　调整小猫角色

06 **赋值设置小猫终止位置**　将"在……秒内滑行到 x：……y：……"积木拖到脚本区，按图 4-4 所示操作，双击赋值修改设置时间为 2 秒，终止位置为 x：-57，y：-16。

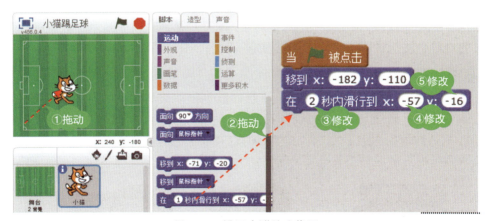

图 4-4　设置小猫终止位置

小知识

单击  程序块中的数据，鼠标指针成 I 型，这时可以直接输入对应的数值，进行精准数据赋值。

79

07 **添加足球角色** 添加新角色"Ball-soccer",修改角色名称为"足球"。
08 **设置足球脚本** 按小猫脚本的设置方式,拖动相应积木,赋值设置足球脚本。足球脚本代码如图 4-5 所示。

图 4-5　设置足球脚本

09 **保存文件** 运行、测试程序,将文件以"小猫踢足球.sb2"为名保存。

1. 赋值语句

Scratch 中的赋值语句不是基于文本的,无须输入任何复杂的命令和代码,只需像搭建积木一样,拖动图形化的积木,对积木的数值进行修改即可。

Scratch 还可以根据角色的状态进行自动更新数值,如在"移到 x:……y:……"积木中,只需移动角色,其中的 x 与 y 的坐标就会自动更新。

Scratch 中的赋值语句还有一些其他用法,本节只是通过改变积木的数值进行赋值,在后续的章节中使用赋值语句可以对变量进行赋值,让程序的功能更加强大。

2. 修改赋值语句

如图 4-6 所示,Scratch 中的赋值语句的数据修改方式有多种形式。其中直接修改数据赋值方式,是通过双击对应的椭圆形或矩形框修改数据。菜单选择修改赋值方式是需要单击右侧的黑色三角形,在弹出的选择项中选择参数进行修改。混合修改数据赋值方式是输入数据与菜单选择两者相结合的一种赋值。

图 4-6　修改赋值语句的方式

第 4 章　控制程序结构

创新园

(1) 试着修改小猫与足球的不同位置，通过调整设置积木让小猫实现踢角球、定位球、开球门球等动画。

(2) 打开"2 只小猫踢足球 .sb2"文件，添加第 2 只小猫角色，并编写脚本，让右侧防守的小猫在截住足球后，带球运动，并射向左侧球门，实现如图 4-7 所示的功能。

右侧小猫防守　　　　　　　　　右侧小猫进攻

图 4-7　作品"2 只小猫踢足球"效果图

4.1.2　数据的输入

Scratch 中输入数据是通过"询问……并等待"与"回答"积木所实现，所输入的数据可以是数值，也可以是文件。数据的输入一般是与变量结合起来使用，变量知识在第 5 章有详细介绍，本节只介绍数据输入的基本用法。

扫一扫，看视频

案例 2　小猫送信

小猫义务为小动物们送信，但他对送信的业务不熟练，常常需要与小动物对话后，才能确认收信人。如图 4-8 所示，小猫在送信的过程中，使用 Scratch 软件中的"询问……并等待"与"回答"命令，与小白兔、小蓝猫进行语言交流。

图 4-8　作品"小猫送信"效果图

Scratch 创意编程趣味课堂

 研究室

1. 任务分析

首先添加"送信背景.jpg"图片为舞台背景,在"小猫"脚本中,对"小猫"角色的起始位置、行走方向、角色初始大小进行设置。小猫分别移到小白兔与小蓝猫面前说话。任务分析及功能描述如图 4-9 所示。

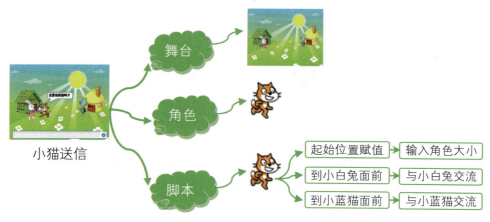

图 4-9 任务分析图

 2. 脚本规划

本案例中,所有脚本都在"小猫"角色中完成。如表 4-2 所示,设置"小猫"角色的初始状态,绘制"小猫"角色送信的造型,使用"询问……并等待"命令进行角色对话输入。

表 4-2 脚本规划

舞台	角色	任务描述	Scratch 积木
舞台背景	小猫	设置小猫的初始位置与初始状态 绘制小猫送信的造型 调整小猫角色大小,使小猫大小与小白兔大小相近	事件 当 ▶ 被单击 运动 移到 x,y 坐标;将旋转模式设定为"左-右翻转";面向 -90° 方向; 外观 将角色的大小设定为 70
		移到小白兔面前 与小白兔交流,并输入小白兔的回答信息 转向,移到小蓝猫面前 与小蓝猫交流,并输入小蓝猫的回答信息	运动 在规定的时间内,滑行到 x,y 的坐标 侦测 询问"这是你的信吗?"并等待输入 外观 说出输入的内容 运动 右转 90°

01 **设置小猫初始状态** 打开文件"小猫送信(初).sb2",按图 4-10 所示操作,拖动对应的积木,设置"小猫"角色的起始位置,并调整小猫的行走方向。

图 4-10 设置小猫起始位置与方向

02 **设置小猫交流脚本** 拖动对应的积木,完成小猫与小蓝猫的交流,脚本如图 4-11 所示。

图 4-11 设置与小蓝猫的交流

03 **保存文件** 运行、测试程序,将文件以"小猫送信(终).sb2"为名保存。

4.1.3 数据的输出

数据的输出有很多种形式,在 Scratch 中使用"将音量增加……""将造型切换为……""目前时间……""到……的距离"等积木对数据的输出进行设置。

案例 3　小猫问时间

如图 4-12 所示,小猫与企鹅之间进行对话。如小猫问今天是多少号？小企鹅给出当天的日期。小猫问今天是星期几？小企鹅给出当天的星期。

图 4-12　作品"小猫问时间"效果图

1. 任务分析

Scratch 中可以输出系统日期、星期、时、分、秒等数据,通过设置小猫说的不同内容,可以呈现当前系统日期和星期等信息。在"小猫"脚本中,利用"小猫"角色说出系统时间的数据。

2. 脚本规划

本案例中,所有脚本都在"小猫"角色中完成。如表 4-3 所示,设置"小猫"角色说的积木,借助说的积木功能,输出日期与星期的时间信息。

表 4-3　脚本规划

舞　台	角　色	任务描述	Scratch 积木
舞台背景	小猫	小猫与企鹅的对话 询问交流日期与星期	**事件** 当 ▶ 被单击 **外观** 问今天是多少号？说出日期。 问今天是星期几？说出星期 **控制** 等待 3 秒

加工坊

01　打开文件　运行 Scratch 软件,打开文件"小猫问时间(初).sb2"。

02　设置小猫脚本　小猫与企鹅之间进行询问时间的交流互动,小猫脚本代码如图 4-13 所示。

第 4 章 控制程序结构

图 4-13 "小猫问时间" 脚本

03 保存文件 运行、测试程序，将文件以 "小猫问时间（终）.sb2" 为名保存。

 知识库

1. 输入数值的随机数应用

为什么那么多游戏都使用随机数？这是因为随机数可以让玩家体验到不同的结果，感受到惊喜。随机数的不确定性，就是让你无法提前预测，如图 4-14 所示，在 Scratch 中使用积木与随机数的脚本组合，就可以设计出不同的效果。

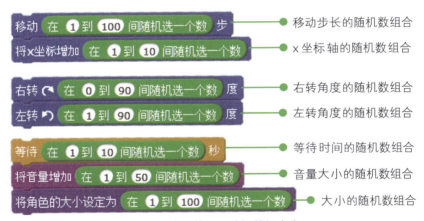

图 4-14 输入数值的随机数组合应用

2. 输出语句编写要考虑用户体验感

设计程序时，要考虑用户的体验，如图 4-15 所示，问 "今天是多少号？" 显示后如不设置等待 2 秒，显示的文字会马上消失，用户会感到文字内容一闪而过。

如果 说 目前时间的 日 输出回答时只显示 "19"，就会感到回答得太生硬。而使用运算功能区的连接符 连接 今天是 连接 目前时间的 日 组合输出，回答显示 "今天是 19 号" 就自然很多。所以有时为了输出语句的用户体验感，还需要对输出的内容进行细心处理。

85

图 4-15 输出语句编写要考虑用户体验感

(1) 打开"小猫变声.sb2"文件,试着使用随机数修改脚本,让小猫声音大小随机变化。
(2) 打开"小猫问时间.sb2"文件,内容如图 4-16 所示,修改脚本感受变化。

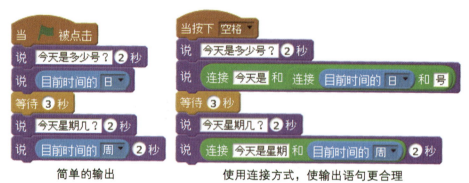

图 4-16 "小猫问时间"脚本

4.2 选择结构

顺序结构的程序虽然能解决计算、输出等问题,但不能做判断再选择。对于要先

第4章 控制程序结构

做判断再选择的问题就要使用选择结构。常见的选择结构有单分支结构、双分支结构和嵌套选择结构等,快来体验 Scratch 控制程序选择结构的应用吧!

4.2.1 单分支结构

单分支结构是选择结构中最简单的条件判断语句,如在 Scratch 中常用的积木是"如果……那么""在……之前一直等待"。可以对符合条件的内容执行相关操作。

扫一扫,看视频

案例 4 小猫玩游乐园

使用"当按下……键"的单分支判断结构,可以设置不同的键盘按键,从而可以控制小猫行走。如图 4-17 所示,使用编程语言的单分支判断结构实现了小猫游玩的动画场景。

图 4-17 作品"小猫玩游乐园"效果图

研究室

 1. 任务分析

首先设置舞台背景,修改"小猫"角色。在"小猫"角色中,设置初始位置,设置旋转移动模式为"左-右翻转"等参数;并创建按向上、向下、向左、向右键的脚本,实现键盘控制小猫运动。任务分析及功能描述如图 4-18 所示。

小猫玩游乐园

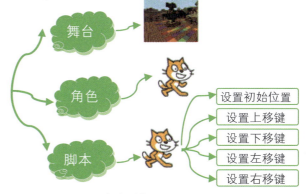

图 4-18 任务分析图

2. 脚本规划

本案例中，所有脚本都在"小猫"角色中完成。如表 4-4 所示，通过"当按下……键"事件指令来指挥小猫移动。

表 4-4　脚本规划

舞台	角色	任务描述	Scratch 积木
舞台背景	小猫	当按向上方向键（↑）时，角色会向上移动 5 步；当按向下方向键（↓）时，角色会向下移动 5 步；当按向左方向键（←）时，角色会向左移动 5 步；当按向右方向键（→）时，角色会向右移动 5 步	事件 当▕▕被单击；"当按下……键" 运动 设置起始 x,y 的坐标；设置"左-右翻转"模式；设置"面向……方向"；"移动……步"

加工坊

01 打开文件　运行 Scratch 软件，打开文件"小猫玩游乐园（初）.sb2"。

02 设置事件响应　拖动 当按下 空格键 指令到脚本区，按图 4-19 所示操作，选择"当按下上移键"响应方式，调整"面向 0 方向"。

03 完成其他设置　重复上述，设置其他方向移动的脚本，脚本如图 4-20 所示。

图 4-19　设置"向上"移动响应

图 4-20　设置其他方向脚本

04 保存文件　运行、测试程序，将文件以"小猫玩游乐园（终）.sb2"为名保存。

4.2.2　双分支结构

选择结构中的双分支结构是对单分支结构的补充，即如果符合条件应如何，如果不符合条件又应如何，针对不同的条件判断给出相应的操作过程。在 Scratch 中双分支选择结构可以通过"如果……那么……否则"积木来实现。

扫一扫，看视频

案例 5　百变小猫

如果能让小猫变大或变小，说句"变变变"可以让小猫改变颜色，那是多么神奇的事啊！如图 4-21 所示，输入"变大"或"变小"，就会产生百变小猫的神奇效果。

图 4-21　作品"百变小猫"效果图

研究室

1. 任务分析

首先设置舞台背景，修改"小猫"角色。在"小猫"角色中，设置小猫初始大小，设置条件判断语句，根据输入结果给出相应的变化。测试不同响度的声音大小，来改变小猫的颜色，从而让小猫有神奇的变化。任务分析及功能描述如图 4-22 所示。

图 4-22　任务分析图

2. 脚本规划

本案例中，所有脚本都在"小猫"角色中完成。如表 4-5 所示，对输入结果进行判断，将"小猫"变大或变小；对响度进行检测判断，更改"小猫"的颜色。

表 4-5　脚本规划

舞台	角色	任务描述	Scratch 积木
舞台背景	小猫	设置小猫的变大与变小判断，根据结果让小猫变大或变小 设置接收声音大小的判断，根据声音大小的变化，改变小猫的颜色	事件　当▶被单击；当响度…… 侦测　询问……并等待；回答 控制　如果……那么……否则 外观　将颜色、大小设定……；将颜色特效增加……；将大小增加……

加工坊

01　打开文件　运行 Scratch 软件，打开文件"百变小猫(初).sb2"。

02　设置小猫脚本　使用双分支选择结构，将角色变大或变小，设置采集外来声音的强弱，从而改变小猫的颜色，脚本如图 4-23 所示。

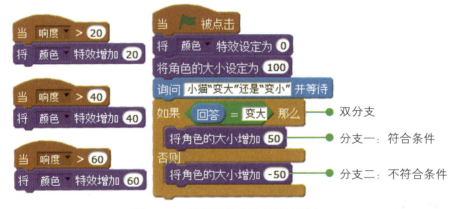

图 4-23　设置双分支选择结构脚本

03　保存文件　运行、测试程序，将文件以"百变小猫(终).sb2"为名保存。

4.2.3　嵌套选择结构

嵌套选择结构是多重条件的组合。在 Scratch 中可以通过"如果……那么……否则"或"如果……那么"积木进行多重嵌套来实现较为复杂的选择结构。一般多重嵌套的条件判断可以解决多条件问题。

扫一扫，看视频

📗 **案例 6　成绩等级判断**

如图 4-24 所示，输入一个考试分数，程序根据该分数自动转换成等级，并让小猫说出成绩的等级。例如输入 98 分，小猫会说成绩等级是"优秀"。

第4章 控制程序结构

图 4-24 作品"成绩等级判断"效果图

研究室

1. 任务分析

首先设置舞台背景,修改"小猫"角色。在"小猫"角色中,询问成绩;根据条件嵌套进行分数成绩转变成等级的过程。任务分析及功能描述如图 4-25 所示。

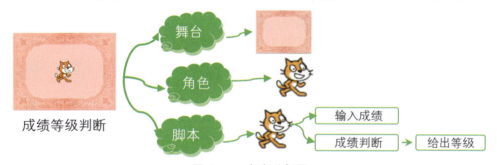

图 4-25 任务分析图

2. 脚本规划

本案例中,所有脚本都在"小猫"角色中完成。如表 4-6 所示,通过"如果……那么……否则"或"如果……那么"积木进行多重嵌套来实现较为复杂的选择结构。

表 4-6 脚本规划

舞 台	角 色	任务描述	Scratch 积木
舞台背景	小猫	成绩大于等于 90 分为"优秀" 大于等于 80 且小于 90 为"良好" 大于等于 60 且小于 80 为"合格" 低于 60 分为"不合格"	事件 当▶被单击 运动 设置起始 x,y 的坐标 侦测 询问……并等待;回答 控制 如果……那么……否则

Scratch 创意编程趣味课堂

加工坊

01 打开文件 运行 Scratch 软件，打开文件"成绩等级判断(初).sb2"。

02 设置小猫脚本 先输入分数成绩，再转换为等级输出，脚本代码如图 4-26 所示。

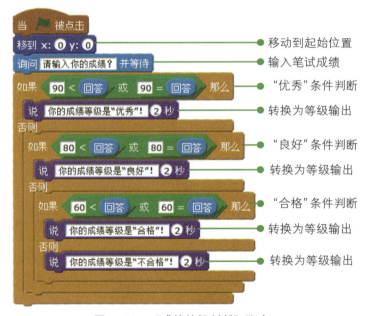

图 4-26 "成绩等级判断"脚本

03 保存文件 运行、测试程序，将文件以"成绩等级判断(终).sb2"为名保存。

知识库

1. 分支条件

"如果……那么……否则"积木和"如果……那么"积木很相似，只是它多了另一个选择。一个普通的"如果……那么"积木会提出一个问题，当回答为"是"，就会执行它内部的积木。

如图 4-27 所示，"如果……那么……否则"积木包含两组积木：
当回答"是"，执行第一组指令；
当回答"否"，执行另一组指令。
单词"如果"(if)、"那么"(then)、"否则"(else) 几乎在所有的计算

图 4-27 分支条件的应用

机语言中都会使用，它们用于在两个选择中做出决定。

2. 判断条件的逻辑运算符

"如果……那么……否则"积木和"如果……那么"积木中，不仅能测试某个单一条件，有时需要检测 2 个条件，应为"条件 1"和"条件 2"，如。很多代码中都会出现这样复杂的组合条件，所以需要一个方法将它们连接起来。

在 Scratch 中，绿色的"运算符"指令可以完成这项工作。如图 4-28 所示，在几乎所有编程语言中都能找到类似"与""或"和"不成立"的指令。

与	只有2个指令块都成立，那么整个指令块才报告成立
或	其中任何一个指令块成立，那么整个指令块就报告成立
不成立	如果里面的指令块不成立，那么整个指令块反而报告成立

图 4-28　判断条件的逻辑运算符

 创新园

(1) 打开"成绩等级判断 .sb2"文件，试着更换成绩判断的顺序，如先判断"不合格"，再判断"合格""良好"与"优秀"等级。

(2) 打开"密码的条件判断 .sb2"文件，如图 4-29 所示的右侧脚本内容，修改脚本，为程序设置密码。

图 4-29　添加密码

4.3　循环结构

循环结构是指在程序中需要反复执行某些重复的语句而设置的一种程序结构。根据判断条件，循环结构又可细分为以下两种形式：先判断后执行的循环结构和先执行后判断的循环结构。本节围绕计数循环、无限循环、直到循环和嵌套循环结合 Scratch 案例分析。

4.3.1　计数循环

循环结构一般有三个要素：循环变量、循环体和循环终止条件，在 Scratch 中常用的计数循环积木是"重复执行……次"，下面结合 Scratch 克隆知识来说明计数循环的作用。

扫一扫，看视频

Scratch 创意编程趣味课堂

案例7　小猫接苹果

小猫在苹果园中收苹果，当苹果从树上落下，左右移动小猫去接落下的苹果，如接到苹果，苹果就消失，如没有接到，苹果就落在地上。使用编程语言对苹果进行克隆，使用计数循环实现苹果从树上落下，小猫接苹果的游戏效果如图 4-30 所示。

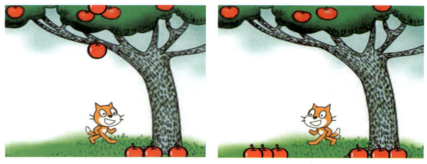

图 4-30　作品"小猫接苹果"效果图

 研究室

 1. 任务分析

首先设置舞台背景，设置"小猫"角色，添加"苹果"角色。在"小猫"角色中，设置小猫的初始值、左移键与右移键的功能；在"苹果"角色中，设置 10 次随机出现"苹果"，设置"苹果"下落与"小猫"角色碰到后删除。任务分析及功能描述如图 4-31 所示。

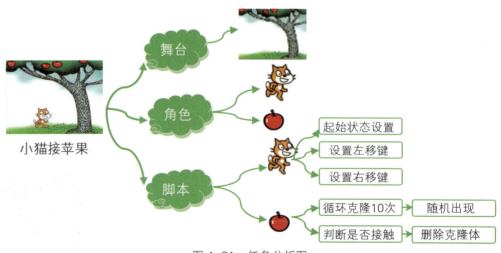

图 4-31　任务分析图

2. 脚本规划

本案例中，脚本分别在"小猫"和"苹果"角色中完成。任务描述与指令如表 4-7 所示。

表 4-7 脚本规划

舞台	角色	任务描述	Scratch 积木
舞台背景	小猫	单击▶，程序开始执行 小猫移到初始位置 向左移动 30 步，碰到边缘就反弹 向右移动 30 步，碰到边缘就反弹	事件 当▶被单击；当按下……键 运动 移到 x,y 坐标；面向……方向；碰到边缘就反弹
	苹果	单击▶，程序开始执行 重复执行 10 次，移到 x 为一个随机数，克隆自己出现，下一次出现时间也为随机数 重复执行 10 次，如碰到小猫，就让苹果消失，否则就落在地面	事件 当▶被单击；当作为克隆体启动时 侦测 碰到小猫 运动 移到 x 随机坐标 控制 重复执行 10 次；如果……那么；克隆自己；删除克隆体

加工坊

01 打开文件 运行 Scratch 软件，打开文件"小猫接苹果(初).sb2"。

02 设置小猫脚本 设置小猫初始状态，再设置左移键、右移键，脚本代码如图 4-32 所示。

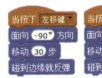

图 4-32 设置小猫脚本

03 设置苹果克隆计数循环 按图 4-33 所示，设置苹果计数循环脚本。

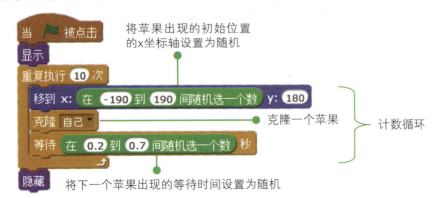

图 4-33 设置苹果克隆计数循环

04 设置小猫接苹果的脚本 添加如图 4-34 所示的代码，利用计数循环设置苹果下落以及小猫接到苹果时让苹果消失的动画效果。

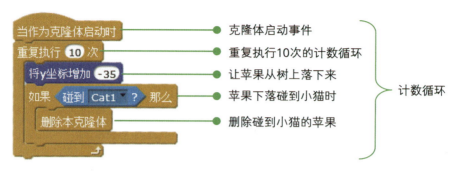

图 4-34 小猫接苹果的脚本

05 保存文件 运行、测试程序，将文件以"小猫接苹果(终).sb2"为名保存。

4.3.2 无限循环

无限循环是循环语句中最为特殊的一种，又称为死循环，需要循环体中设置循环终止的条件，否则该循环结构将一直持续进行。下面结合 Scratch 制作的小猫卡通时钟来说明无限循环的应用。

扫一扫，看视频

案例 8 小猫卡通时钟

如图 4-35 所示，小猫卡通时钟是利用无限循环语句分别制作时针、分针、秒针的旋转，从而模拟出电子时钟的效果。

图 4-35 作品"小猫卡通时钟"效果图

1. 任务分析

首先设置舞台"时钟"背景，设置"小猫"角色，添加"时针""分针""秒针"

角色。在"小猫"角色中,设置小猫说明数字时钟的功能;在"时针""分针""秒针"角色中,分别按时间进行模拟时钟运行。任务分析及功能描述如图 4-36 所示。

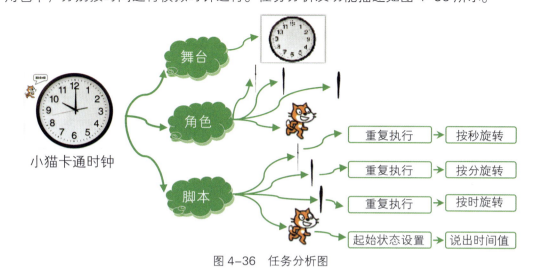

图 4-36 任务分析图

2. 脚本规划

本案例中,脚本分别在"小猫""时针""分针""秒针"角色中完成。任务描述与指令如表 4-8 所示。

表 4-8 脚本规划

舞台	角色	任务描述	Scratch 积木
舞台背景	小猫	其中小猫角色是"重复执行"积木中每过 1 秒分别说明目前时间的时:分:秒	事件 当▶被单击 运动 移到 x,y 坐标 外观 将角色大小设定为…… 控制 重复执行 侦测 当前时间
	秒针、分针、时针	秒针、分针、时针角色是"重复执行"积木中"面向……目前时间的秒方向"进行旋转	控制 重复执行 侦测 当前时间 运动 面向……目前时间的秒方向

加工坊

01 打开文件 运行 Scratch 软件,打开文件"小猫卡通时钟.sb2"。

02 设置小猫起始位置与大小 按图 4-37 所示代码,拖动积木确定小猫初始位置与大小。

图 4-37 设置小猫起始位置与大小

03 设置数字时间语句 按图 4-38 所示操作,拖动相应功能积木,实现时间持续显示。

图 4-38 设置重复执行语句

04 设置秒针角色代码 按图 4-39 所示代码,设置"秒针"旋转指令。

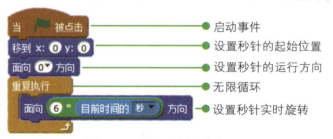

图 4-39 设置秒针角色代码

05 设置分针与时针角色代码 按图 4-40 所示代码,设置"分针"和"时针"旋转指令。

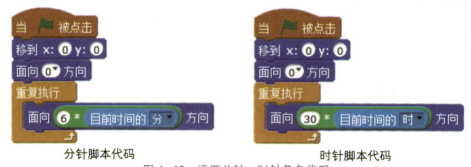

图 4-40 设置分针、时针角色代码

06 保存文件 运行、测试程序,将文件以"小猫卡通时钟(终).sb2"为名保存。

4.3.3 直到循环

Scratch 中"重复执行直到……"积木的功能在重复执行过程中,如果出现符合条件的情况后就立即停止。如果没有出现符合条件就一直执行循环体内的语句。

第4章 控制程序结构

案例9 小猫抓鱼

小鱼在水中游动,使用键盘控制小猫在水中抓鱼,如果小猫碰到了小鱼,小猫说"我赢了",游戏结束,效果如图4-41所示。

图4-41 作品"小猫抓鱼"效果图

研究室

1. 任务分析

首先设置舞台背景,设置"小猫"角色,添加"小鱼"角色。在"小猫"角色中,设置小猫的初始值,设置W、S、A、D共4个按键功能;在"小鱼"角色中,设置上、下、左、右4个方向键功能,设置"小猫"碰到"小鱼"角色后停止当前任务。任务分析及功能描述如图4-42所示。

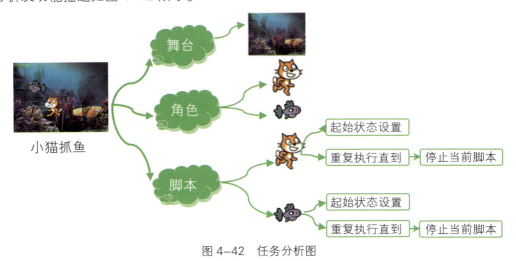

图4-42 任务分析图

Scratch 创意编程趣味课堂

2. 脚本规划

本案例中，脚本分别在"小猫""小鱼"角色中完成。任务描述与指令如表4-9所示。

表4-9 脚本规划

舞台	角色	任务描述	Scratch 积木
 舞台背景	 小猫	单击 ▶，程序开始执行 小猫移到初始位置 重复执行碰到小鱼就结束 否则可以通过 W、S、A、D 共4个按键控制方向抓小鱼	事件 当 ▶ 被单击；当按下……键 侦测 碰到小鱼 运动 移到 10 步 控制 重复执行直到碰到小鱼，停止当前脚本
	 小鱼	单击 ▶，程序开始执行 重复执行碰到小猫就结束 否则可以通过上、下、左、右共4个方向键的判断，调整方向不让小猫抓到	事件 当 ▶ 被单击；当按下……键 侦测 碰到小猫 运动 移到 8 步 控制 重复执行直到碰到小猫，停止当前脚本

加工坊

01 **打开文件** 运行 Scratch 软件，打开文件"小猫抓鱼（初）.sb2"。

02 **设置小猫与小鱼脚本** 按图4-43所示代码操作，拖动积木，设置小猫与小鱼脚本。

03 **保存文件** 运行、测试程序，将文件以"小猫抓鱼（终）.sb2"为名保存。

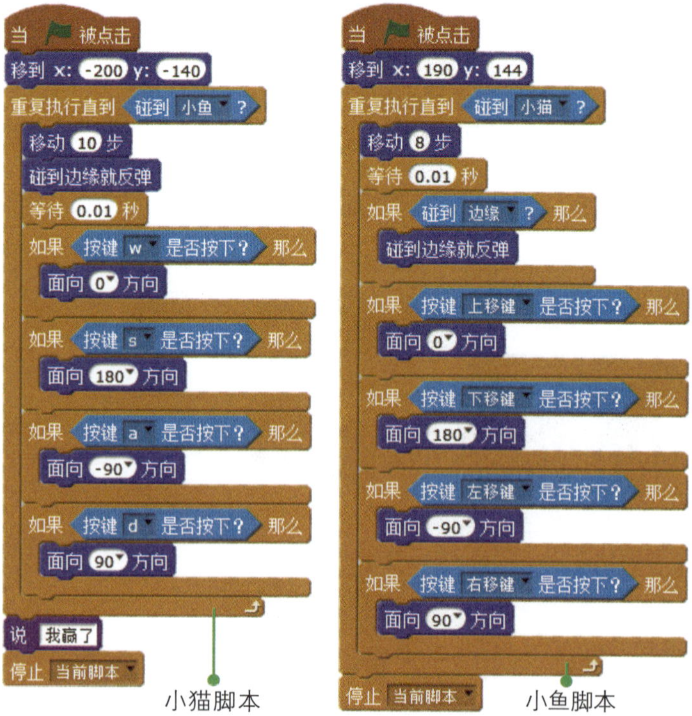

图4-43 设置小猫与小鱼脚本

4.3.4 嵌套循环

在 Scratch 中循环语言可以嵌套循环，还可以嵌套条件，通过多种循环嵌套组合，可以设计出复杂有趣的程序。

案例 10　小猫千变万化

如图 4-44 所示，使用键盘按键改变小猫的大小和外形，如按 D 键将小猫变大，按 X 键将小猫变小，控制小猫有不同的变化。

图 4-44　作品"小猫千变万化"效果图

 研究室

 1. 任务分析

在"小猫"脚本中，侦测判断键盘的按键，控制"小猫"角色的大小与外形，从而让小猫产生千变万化的动画效果。

 2. 脚本规划

本案例中，所有脚本都在"小猫"角色中完成。如表 4-10 所示，使用循环嵌套循环的控制程序结构方式，侦测判断键盘的按键，实现脚本功能。

表 4-10　脚本规划

舞台	角色	任务描述	Scratch 积木
舞台背景	小猫	按 D 键将小猫变大，按 X 键将小猫变小 按 1 键将小猫变为"鱼眼"特效 按 2 键将小猫变为"透明"特效	事件 当 ▶ 被单击 侦测 按钮……是否按下 控制 重复执行；如果……那么…… 外观 将角色的大小增加；将……特效设定为……

 加工坊

01　打开文件　运行 Scratch 软件，打开文件"小猫千变万化(初).sb2"。

02 设置小猫脚本 按图 4-45 所示代码操作,拖动积木,设置小猫脚本。

图 4-45 设置小猫脚本

03 保存文件 运行、测试程序,将文件以"小猫千变万化(终).sb2"为名保存。

知识库

**1. 程序流程图**

程序流程图表示程序中的操作顺序。虽然 Scratch 不用直接输入程序代码,但是进行编程时对问题解决还是要进行算法分析的,借助流程图来分析问题,是算法描述的常用方法,它能使复杂的问题简单化。流程图中常用的图形符号所对应的名称和作用如表 4-11 所示。

表 4-11 流程图中常用符号

流程符号	名称	作用
⬭	起止框	表示程序的开始或终止
▭	过程框	表示一个过程

（续表）

流程符号	名称	作用
◇	判断框	进行条件判断
▱	输入框 输出框	表示程序此处有数据输入或输出
—⃗	流程线	带有箭头，表示程序走向

2. 程序基本结构

Scratch 控制程序结构主要包括顺序结构、选择结构和循环结构。

- **顺序结构** 从"第一行"指令开始，由上而下按顺序执行，直到最后一行指令结束。顺序结构流程控制如图 4-46 所示。
- **选择结构** 选择结构按特定"条件"的判断结果，决定不同的执行流程，分为单一条件判断、双条件判断与嵌套条件判断。选择结构流程控制如图 4-47 所示。

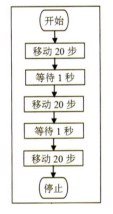

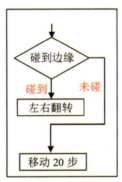

图 4-46　顺序结构流程图与脚本　　　　图 4-47　选择结构流程图和脚本

- **循环结构** 循环结构会反复执行循环体内指令，直到特定"条件"出现才停止执行。Scratch 循环结构指令包括 3 种：计数循环、无限重复循环和条件式循环，其举例解释如表 4-12 所示。

表 4-12　3 种循环模块执行情况

重复模块	循环名称	指令执行过程
重复执行 10 次 移动 10 步 等待 1 秒	重复循环一定次数	循环执行下面的指令"移动 10 步""等待 1 秒"，10 次后停止

（续表）

重复模块	循环名称	指令执行过程
重复执行 等待 1 秒 移动 10 步	无限循环	循环执行下面的指令"移动10步""等待1秒"，永不停止
重复执行 碰到 边缘 ？ 次 移动 10 步 等待 1 秒	条件循环	循环执行下面的指令"移动10步""等待1秒"，直到碰到边缘就停止循环

创新园

 1. 选择题

（1）执行如图4-48所示的程序，得到的结果是（ ）。

A. 反复执行，如果碰到红色就播放声音
B. 反复执行，如果播放声音就显示红色
C. 如果碰到红色就播放声音，并且反复执行
D. 如果播放声音就显示红色，并且反复执行

图4-48　程序

（2）如果通过修改区域中的数字，确定角色移到指定位置，应该选择的模块是（ ）。

A. 移到 x: 0 y: 0　　　　　　B. 将x坐标增加 10
C. 将y坐标增加 10　　　　　　D. 将y坐标设定为 0

 2. 操作题

（1）试着使用选择结构编写：输入任何一个年份，判断是否是闰年的程序。
（2）试着使用循环结构编写"计算1+2+3+4+…+1000"的程序。

第 5 章 了解编程运算

程序如同计算机的思维，因为程序，计算机才能够进行精准的计算，并能够根据情况进行判断，有选择地执行指令。而实现程序中这些功能的秘密就是运算，在 Scratch 中提供了各种运算，有算术运算、关系运算、逻辑运算，以及用于处理字符的运算。

本章围绕"了解编程运算"，使用变量和列表存储数据，运用算术运算和函数精准求解问题，运用关系运算和逻辑运算帮助程序进行判断，让我们一起在 Scratch 中体验程序的运算能力和睿智判断。

学习内容

- 变量（新建变量、变量赋值、变量应用）
- 列表（新建列表、列表初始化、引用列表元素）
- 运算（算术运算、关系运算、逻辑运算、字符运算）

5.1 变量

变量用于保存程序运行时的数据，好似一个存储数值的盒子，并且需要给这个盒子命名——变量名，这样在程序运行的过程中只需用此名称，就能使用盒子中存储的数值。如果盒子里的数值发生变化，则程序运行的结果也会随之变化。因此，在编写程序的过程中，通过有规律地改变变量的值，就能控制程序的执行，达到预期的目的。

扫一扫，看视频

扫一扫，看视频

5.1.1 定义变量

在 Scratch 中，使用变量来控制程序，首先需要新建变量，给变量命名，设置变量的适用范围，可以使用数据模块中的相关积木给变量赋值，以及控制变量的变化。

案例1 热气球升空

小猫乘坐漂亮的热气球，希望升空远眺草原美景。使用向上方向键控制热气球升空，每按一次上移键，热气球便升高一点，通过变量控制热气球每次升高的数值，并能实时显示热气球的高度。如图 5-1 所示，编程实现热气球升空的动画效果。

图 5-1 作品"热气球升空"效果图

研究室

1. 任务分析

舞台背景为草原，1个角色"热气球"，舞台中显示变量"高度"，能实时查看热气球的高度。当单击 ▶ 按钮运行程序，热气球回到草地，当按下↑键时，热气球上升，并实时显示高度值,任务分析如图 5-2 所示。

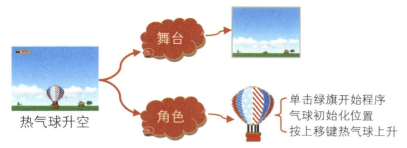

图 5-2 "热气球升空"任务分析图

2. 脚本规划

本案例是通过变量"升高"来控制每次按↑键上升数值,通过变量"高度"来实时显示热气球的高度。在"数据"模块中新建"升高"和"高度"两个变量,并使用"将……设定为……"积木给变量初始化,使用"将……值增加……"积木来改变"高度"的值,具体脚本规划如表 5-1 所示。

表 5-1 脚本规划

舞台	角色	任务描述	Scratch 积木
		单击绿旗开始程序 初始化位置 变量初始化为 0	事件 当▶被单击 运动 移到 x……, y…… 数据 将……设定为……
		当按下上移键 气球上升一次 高度值变化	事件 当按下……键 运动 将 y 坐标增加…… 数据 将……增加……

加工坊

01 打开文件 运行 Scratch 软件,打开"热气球升空(初).sb2"文件。
02 查看脚本 在角色区单击"热气球",查看热气球脚本,如图 5-3 所示。
03 新建变量 选择"数据"模块,单击"建立一个变量",按图 5-4 所示操作,新建变量"升高"。

图 5-3 查看热气球脚本

图 5-4 新建变量"升高"

小知识

新建变量时，必须选择变量的适用范围，相当于说明这个变量是私有还是公有。如果选择适用于所有角色，那么所有角色都可用；反之，仅限当前角色可用，其他角色不可用。

04 变量赋值 单击选择角色"热气球"，按图5-5所示操作，给变量"升高"赋值初始化。

05 定义变量"高度" 按照上述方法，新建一个变量"高度"，并给变量赋值为0，脚本如图5-6所示。

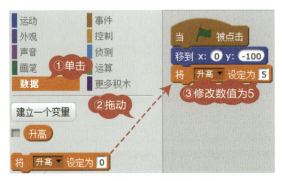

图5-5 给变量"升高"赋值　　　　　图5-6 定义变量"高度"

06 隐藏变量 按图5-7所示操作，隐藏变量"升高"，显示变量"高度"。

图5-7 隐藏变量

07 添加按键事件 选择"事件"模块，按图5-8所示操作，设置↑键按键响应事件。

第 5 章 了解编程运算

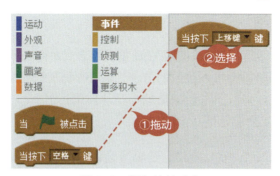

图 5-8 添加按键响应

08 使用变量 选择"运动"模块，拖入 积木，按图 5-9 所示操作，使用变量"升高"，使得 y 坐标每次增加"升高"变量值。

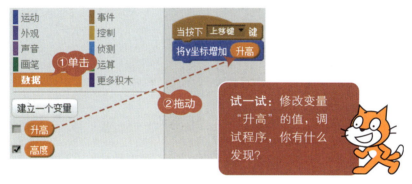

图 5-9 使用变量"升高"

09 修改变量值 选择角色"热气球"，按图 5-10 所示操作，修改变量"高度"的数值。

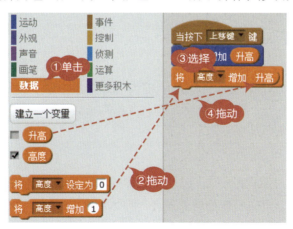

图 5-10 修改变量"高度"值

10 保存文件 运行、调试程序，将文件以"热气球升空(终).sb2"为名保存。

109

5.1.2 计数器

古人采用结绳计数或筹码计数,甚至在动物骨头上、木棍上刻画一些符号,以计数。而在计算机程序中也可以模拟古人计数的方法,定义一个变量,然后给此变量每次加一,达到计数的目的。其实,计数器就是变量的一个具体应用。

案例2 小猫钓鱼

周末,悠闲的小猫 Kitty 带上渔具,到小河边钓鱼,使用空格键控制小猫起竿,如果鱼钩碰到河里的小鱼,小鱼便消失,表示钓上小鱼,同时记录数量,看看小猫最终能钓多少条鱼。如图 5-11 所示,编程实现小猫钓鱼的动画效果。

图 5-11 作品"小猫钓鱼"效果图

研究室

1. 任务分析

本案例需要设计 5 个角色,分别是小猫 Kitty、3 条小鱼、鱼钩。因为鱼钩需要上下移动,所以单独作为 1 个角色,方便控制,当鱼钩碰到小鱼,让小鱼消失 1 秒再出现,同时累加计数,任务分析如图 5-12 所示。

2. 脚本规划

3 条小鱼的角色动画效果一样,因此脚本实现的方法也完全相同,需要定义一个全局变量"数量",当小鱼碰到鱼钩就累加 1,脚本规划如表 5-2 所示。

第 5 章　了解编程运算

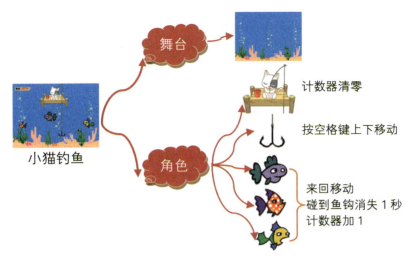

图 5-12　任务分析

表 5-2　脚本规划

舞台	角色	任务描述	Scratch 积木
		单击▶运行 变量初始化 0	事件　当▶被单击 数据　将……设定为……
		按下空格键运行 鱼钩先上后下	事件　当按下……键 运动　将 y 坐标增加……
		单击▶运行 小鱼重复游动 碰到边缘调转方向	事件　当▶被单击 控制　重复执行 运动　移动……步，碰到边缘就反弹
		单击▶运行 碰到鱼钩消失，累加 1 重新出现	事件　当▶被单击 控制　重复执行，如果……那么 侦测　碰到颜色？ 数据　将……值增加…… 外观　显示，隐藏

加工坊

01　打开文件　运行 Scratch 软件，打开"小猫钓鱼（初）.sb2"文件。
02　查看脚本　在角色区选择角色，查看各个角色对应的脚本，如图 5-13 所示。

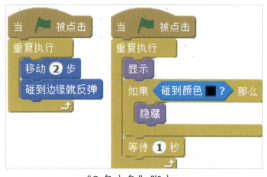

"3条小鱼"脚本　　　　　　　　　　　　"鱼钩"脚本

图 5-13　查看角色脚本

03 新建变量　选择"数据"模块，单击"建立一个变量"，按图 5-14 所示操作，新建变量"数量"。

图 5-14　新建变量"数量"

04 变量初始化　在角色区选择角色"鱼钩"，按图 5-15 所示操作，给变量"数量"初始化为 0。

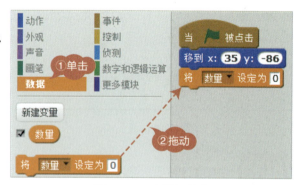

图 5-15　变量初始化

 小知识

　　变量作为计数器时，初始值必须为 0，否则，再次运行程序时，计数器变量的值会在上次的基础上继续计数，导致结果出错。

05 开始计数 在角色区选择角色 Fish1，按图 5-16 所示操作，给计数器变量值增加 1。

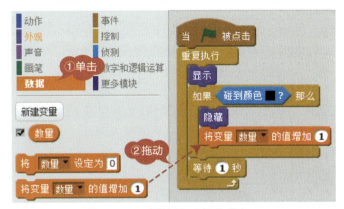

图 5-16 "数量"变量值增加 1

06 复制脚本 选择角色 Fish1 脚本，复制脚本到角色 Fish2 和 Fish3。
07 保存文件 运行、调试程序，另存文件为"小猫钓鱼(终).sb2"。

5.1.3 累加器

累加器也是变量的一种应用，与计数器一样都是用来累加计算，计数器是一个一个累计，如数数一般，而累加器是对任意数字的累加求和，既能累加整数，又能累加小数。

案例 3 选购商品

暑假期间，悠悠小朋友跟着妈妈一起去超市购物，对收银系统很感兴趣，了解到收银系统其实就是程序员写的一段程序。商品价格不尽相同，因此每选择一件商品，价格累计到"总价"，最终便累加出选购的商品总价。为了动画效果更真实，鼠标单击商品后消失，表示已经选购，将无法再选择。"选购商品"程序运行效果如图 5-17 所示。

图 5-17 作品"选购商品"效果图

研究室

1. 任务分析

本案例中主人翁悠悠和他妈妈作为一个角色,此外涉及的商品较多,商品价格有9.9元、19.9元、99.9元3种,每件商品均为一个角色。因此,当选择某件商品,会给总价加上相应的标价,任务分析如图5-18所示。

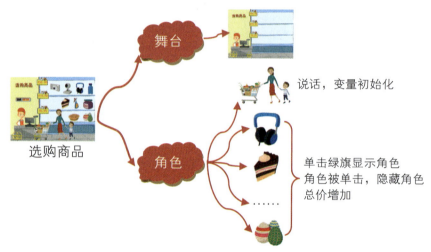

图5-18 "选购商品"任务分析图

2. 脚本规划

为了计算购物总价,需要创建适用于所有角色的变量"总价",角色"人物"中添加初始化脚本,其他商品角色脚本相同。具体脚本分析如表5-3所示。

表5-3 脚本规划

舞 台	角 色	任务描述	Scratch 积木
		单击▶运行程序 初始化变量 人物对话	事件 当▶被单击 数据 将……设定为 0 外观 说……2 秒
		单击▶运行程序 显示角色	事件 当▶被单击 外观 显示
		单击角色运行程序 隐藏角色 给总价计价	事件 当▶被单击 外观 显示 数据 将……增加……

 加工坊

01 **打开文件** 运行 Scratch 软件,打开"选购商品(初).sb2"文件,查看脚本,如图 5-19 所示。

02 **新建变量** 选择"数据"模块,单击"建立一个变量",按图 5-20 所示操作,新建变量"总价"。

图 5-19 查看角色脚本

图 5-20 新建变量"总价"

03 **变量初始化** 在角色区选择角色"人物",按图 5-21 所示操作,给变量"总价"初始化为 0。

图 5-21 变量初始化

04 **开始累加** 在角色区选择角色"商品 1",按图 5-22 所示操作,给累加器变量值增加对应价格。

05 **复制脚本** 选择角色"商品 1"脚本,复制脚本到其他商品角色,根据商品价格修改变量增加数值。

06 **保存文件** 运行、调试程序,将文件以"选购商品(终).sb2"为名保存。

知识库

1. 变量属性

变量不是 Scratch 的专有术语，准确地说变量对于任何一种编程语言都非常重要，当然 Scratch 也是一样，使用的过程中需要注意几点属性。

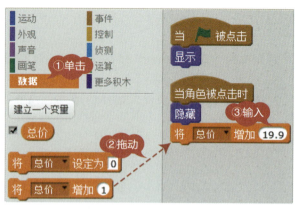

图 5-22 "总价"变量值累加

- **作用对象** 就是定义的变量适用于哪些角色。一是适用于所有角色，那么在一个程序中任何角色都能使用该变量；二是适用于当前角色，那么在其他角色中将无法使用此变量。
- **存储类型** 在 Scratch 中，定义的变量可以存储数字，还可以存储字符(包括汉字)，也就是说有数值类型和字符类型。使用时需要注意字符类型的变量不能进行算术运算。

2. 变量相关积木

在 Scratch 中定义变量，根据其属性，列出几个对应的积木，具体功能如表 5-4 所示。

表 5-4 变量相关积木

积木	名称	作用
将 总价 设定为 0	将……设定为……	给变量赋值，如把"总价"赋值为 0
将 总价 增加 1	将……增加……	给变量累加数值，如给"总价"增加 1
显示变量 总价	显示变量	舞台中显示变量值
隐藏变量 总价	隐藏变量	舞台中不显示变量值

创新园

(1) 试着给"热气球升空"添加下移键事件，每次按键热气球向下移动，并实时显示热气球高度。

(2) 算式 2+4+6+…+100 的结果是多少，试着用 Scratch 编写程序求解。

5.2 列表

列表与变量一样,也是保存程序运行时的数据,相对于变量,列表更加庞大,如果将变量比作一间房子,那么列表就是一个宾馆;如果将变量比作一节车厢,列表就是一列火车。因此,一个列表可以替代多个变量,在需要的时候,从列表中调出列表项目使用。实际编程过程中,列表和变量是相辅相成的,列表与变量配合使用会更加方便、高效。

5.2.1 定义列表

在 Scratch 中使用列表,先要定义列表,即新建一个列表,给列表命名,同样需要设置列表的适用范围。与变量不同,列表有长度属性,即多个项目构成,列表项目的初始化,除了使用积木外,还可以手动编辑添加。

扫一扫,看视频

案例 4　百米赛跑

一年一度的春季运动会开始了,爱运动的小猫绝对不会错过,它来到赛场,看到百米赛跑的道次还未安排好,于是在 Scratch 中编写程序,将各运动员的姓名添加到对应道次安排表中,程序效果如图 5-23 所示。

图 5-23　作品"百米赛跑"效果图

研究室

1. 任务分析

本案例只有 1 个角色"小猫",单击 ▶ 按钮开始运行时,道次安排表为空,然后弹出输入框,输入运动员姓名按回车键确定,运动员的姓名会自动添加到道次安排表中,任务分析如图 5-24 所示。

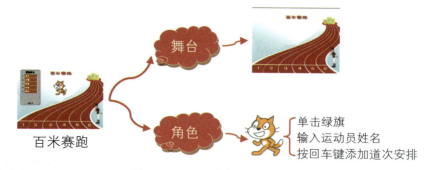

图 5-24 "百米赛跑"任务分析图

 2. 脚本规划

先要初始化列表，在角色"小猫"中添加积木删除全部列表项，然后加入重复积木，对 6 个赛道逐一输入运动员姓名，这里需要用到询问和回答积木，具体脚本规划如表 5-5 所示。

表 5-5 脚本规划

舞台	角色	任务描述	Scratch 积木	
赛道背景	小猫	单击 ▶ 运行程序 初始化列表	事件	当 ▶ 被单击
			数据	删除列表所有项目
		输入 6 名运动员 姓名添加到道次安排列表	控制	重复执行
			侦测	询问、回答
			数据	将……添加到……

加工坊

01 **打开文件** 运行 Scratch 软件，打开"百米赛跑（初）.sb2"文件。

02 **新建列表** 在角色区单击"小猫"，按图 5-25 所示操作，新建"道次安排"列表。

03 **初始化列表** 选择"小猫"角色，从"事件"模块中拖入 积木，按图 5-26 所示操作，初始化列表。

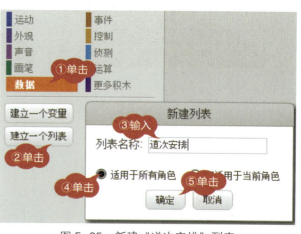

图 5-25 新建"道次安排"列表

04 添加重复 从"控制"模块中拖入积木"重复执行……次",修改参数,设置重复次数为6。

05 添加询问 从"侦测"模块中拖入积木"询问……并等待",修改参数,设置询问内容为"请输入运动员姓名"。

06 插入列表项目 按图 5-27 所示操作,将"回答"输入的内容添加到列表"道次安排"。

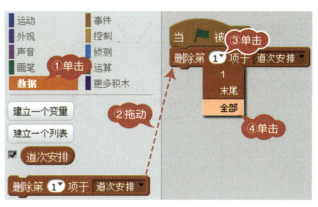

图 5-26 初始化列表

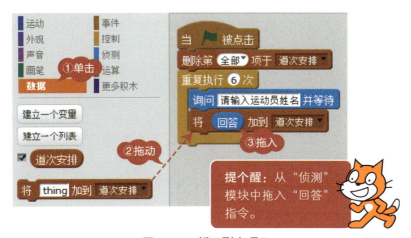

图 5-27 插入列表项目

07 保存文件 运行、调试程序,将文件以"百米赛跑(终).sb2"为名保存。

5.2.2 使用列表

列表的属性有长度、项目编号、项目值等。在 Scratch 中可以对列表进行删除项目、插入项目、查找项目、替换项目等操作。还可以通过列表控制角色的多个造型,或者自动选择角色对话的内容,甚至可以使用多个列表,配合变量的使用,灵活编写程序。

扫一扫,看视频

案例 5 遥控天气

小猫得到一个神奇的遥控器,居然可以控制天气,7 种天气对应 7 个阿拉伯数字,只要从键盘上输入对应的数字,就能控制天气变化。而且小猫想象的画面能同步显示在电视中,小猫根据不同的天气会有温馨提示,动画效果如图 5-28 所示。

图 5-28 作品"遥控天气"效果图

研究室

 1. 任务分析

本案例通过键盘数字,交互控制程序,根据输入的数字,定格小猫想象的天气,并在天气视窗中显示对应的天气画面。案例中需要 3 个角色,分别是小猫、天气图标、天气视窗,具体角色任务分析如图 5-29 所示。

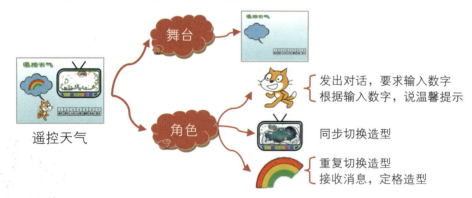

图 5-29 "遥控天气"任务分析图

 2. 算法设计

根据任务分析,为了实现小猫问候语与天气状况对应,可以定义一个列表"问候",把所有问候语初始化到列表中,再定义一个变量"编号",通过"编号"变量值将角色造型和列表内容一一对应,具体设计如表 5-6 所示。

第 5 章　了解编程运算

表 5-6　算法设计

角色 造型编号	变量（编号）	列表（问候）	
		项目号	项目内容
1	变量值	1	天气晴朗，出去走走吧！
2		2	今天风大，不要被大风刮跑了哦！
3		3	天气凉爽，去户外散散步！
4		4	雨太大了，带好雨具出门哦！
5		5	雷雨天气，一定要注意安全！
6		6	快看！多么美的彩虹！
7		7	下雪啦！出去打雪仗咯！

 3. 脚本规划

依据具体的任务分析和算法设计，主要使用"侦测""数据""外观"几个模块中的积木，以此控制角色同步切换造型，并能从列表中显示对应编号的提示语，具体脚本规划如表 5-7 所示。

表 5-7　脚本规划

舞台	角色	任务描述	Scratch 积木
	小猫	单击▶运行程序 对话，接收键盘输入数字 广播消息 说问候提示语	事件　当▶被单击，广播消息 侦测　询问，回答 数据　初始化变量，取出列表项目内容
	电视	当接收到…… 切换造型	事件　当接收到…… 外观　将造型切换为……
	彩虹	单击▶运行程序 重复切换造型	事件　当▶被单击 外观　数据　将造型切换为……，变量
		当接收到…… 停止造型切换，定格造型	事件　当接收……，停止其他脚本 外观　数据　将造型切换为……，变量

 加工坊

01　打开文件　运行 Scratch 软件，打开"遥控天气（初）.sb2"文件。

02　新建变量　选择角色"小猫"，在"数据"模块中单击"建立一个变量"按钮，新建全局变量"编号"，取消勾选，设置舞台不显示。

03　新建列表　选择角色"小猫"，在"数据"模块中单击"建立一个列表"按钮，新建列表"问候"，手动输入项目内容，并取消勾选，设置舞台不显示。

04 **输入"编号"** 选择"侦测"模块，使用积木"询问……并等待"和"回答"完成变量"编号"的赋值，脚本如图 5-30 所示。

图 5-30 输入"编号"

05 **广播消息** 选择角色"小猫"，自定义广播消息"已选择"，其他角色添加 当接收到 已选择 事件。

06 **切换造型** 使用变量"编号"，切换角色"天气视窗"和"天气图标"的造型，脚本如图 5-31 所示。

07 **显示问候语** 选择角色"小猫"，从"外观"模块拖入积木"说……"，按图 5-32 所示操作，显示与天气对应的问候语。

图 5-31 切换造型

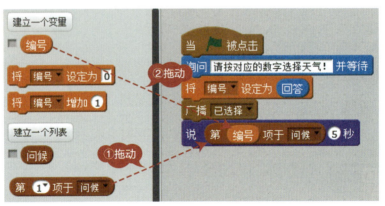

图 5-32 设置显示问候语

08 **保存文件** 运行、调试程序，将文件以"遥控天气(终).sb2"为名保存。

 知识库

1. 列表

列表与变量都是数据存储的方式，列表相当于高级语言（如 C 语言）中的数组，新建一个列表，就在计算机内存中开辟一组连续的存储单元。因此列表一次能存储多个数据，列表有名称、长度、项目号等属性，可以对列表进行添加项目、插入项目、删除项目、替换项目、测出列表长度等操作。

2. 列表相关积木

列表相关积木说明如表 5-8 所示。

表 5-8 列表相关积木说明

积木	名称	作用
将 thing 加到 列表	添加列表项目	将内容添加到列表最后
删除第 1 项于 列表	删除列表项目	删除指定的列表项目
插入 thing 为第 1 项于 列表	插入项目	将内容插入列表指定位置
替换第 1 项于 列表 为 thing	替换项目	将内容替换原有列表项目
第 1 项于 列表	取出列表项目	读取列表中指定项目
列表 的项目数	测量列表长度	统计列表的项目数量
列表 包含 thing ?	判断列表包含内容	判断列表中是否包含指定内容
显示列表 列表	显示列表	在舞台中显示列表
隐藏列表 列表	隐藏列表	在舞台中隐藏列表

创新园

(1) 制作新龟兔赛跑动画，设计乌龟和兔子的对话，尝试将两个动物的对话内容定义成列表，结合变量来引用列表中对应的对话内容。

(2) 尝试改编"遥控天气"程序，不用数字键选择天气，改成小猫想象的天气随机出现。

5.3 运算

众所周知，计算机能进行加、减、乘、除等运算，程序如何实现计算，其实需要用到运算符，用来进行算术计算的运算符就是算术运算符。计算机除了算术计算外，还能进行大小比较，逻辑判断。那么用于比较大小的运算符叫关系运算符，用来逻辑判断的运算符叫逻辑运算符。

5.3.1 数学运算

在 Scratch 中进行算术计算，和数学中的运算一样，需要相应的运算操作符，即 +、-、*(乘)、/(除)，注意乘除不同于数学中的表示方法，在"运算"模块中有对应的积木。

 案例 6　泳池面积

暑假的一天，Amy 和 Judy 两位好朋友，相约来到沙滩游泳

扫一扫，看视频

池游泳，Judy 想要知道游泳池面积有多大，她测量出游泳池的长和宽，Amy 学习过 Scratch 编程，这可难不倒他，输入长和宽的值，就能快速准确地计算出面积，效果如图 5-33 所示。

图 5-33 作品"泳池面积"效果图

 研究室

1. 任务分析

案例涉及 2 个人物角色 Amy 和 Judy，编程实现两人对话，Judy 角色中输入游泳池的长和宽，然后添加算术表达式，计算出泳池面积，最后以角色 Amy 说话的方式显示结果，任务分析如图 5-34 所示。

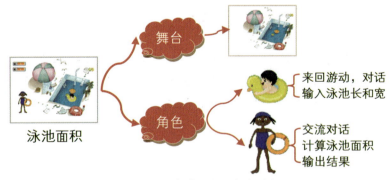

图 5-34 "泳池面积"任务分析图

2. 脚本规划

本案例角色 Judy 重复移动，定义变量"长""宽"和"面积"，输入长、宽的值，广播消息，通过"事件""侦测""数据"模块中的积木实现。关键在于编写角色 Amy 的脚本，用来计算面积，并输出结果，详细脚本分析如表 5-9 所示。

表 5-9 脚本规划

舞台	角色	任务描述	Scratch 积木
		单击 ▶ 运行程序 重复游动,输入长和宽 广播消息	事件 当 ▶ 被单击,广播消息 侦测 询问,回答 数据 初始化变量
		当接收到…… 对话交流	事件 当接收到……
		当接收到…… 计算面积,变量赋值 输出结果	事件 当接收到广播消息 数据 将面积设定为…… 运算 乘法运算,连接……和……

加工坊

01 打开文件 运行 Scratch 软件,打开"泳池面积(初).sb2"文件。

02 查看脚本 在角色区选择角色,查看角色对应的脚本,如图 5-35 所示。

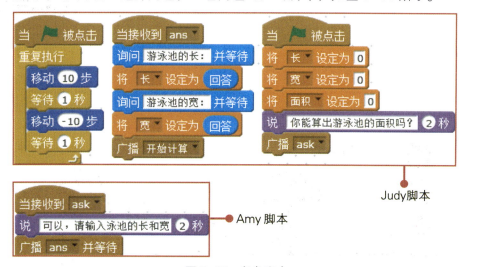

图 5-35 角色脚本

03 选择乘法运算 选择角色 Amy,从"数据"模块拖入积木"将……设定为……",按图 5-36 所示,选择乘法运算。

04 计算面积 从"数据"模块拖入变量"长"和"宽",计算面积,脚本如图 5-37 所示。

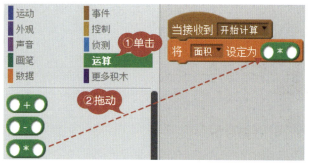

图 5-36 选择乘法运算

05 输出结果 从"外观"模块拖入积木"说……",输出变量"面积"的值,脚本如图 5-38 所示。

图 5-37 计算面积

图 5-38 输出结果

06 保存文件 运行、调试程序,将文件以"泳池面积(终).sb2"为名保存。

5.3.2 关系运算

关系运算,其实就是比较运算,用来比较两个数值的大小,对应的运算符有 <(小于)、=(等于)、>(大于),与算术运算符一样,用关系运算符连接的式子叫关系表达式,而关系表达式的结果只有"真"或"假",比如"5>3"表达式的结果为真,"2*3=4"表达式的结果为假。

扫一扫,看视频

案例 7 小猴挑水果

1 只聪明的小猴,3 种水果任他挑选,小猴想挑选出最大的水果,在 Scratch 中能帮助小猴实现这个愿望吗?首先分别输入 3 个水果的重量,然后让程序帮助小猴比较重量,最终挑选出最重的水果,效果如图 5-39 所示。

图 5-39 作品"小猴挑水果"效果图

1. 任务分析

本案例有 5 个角色,分别是小猴、3 个水果,还有"开始"按钮。单击"开始"

按钮启动程序,分别输入水果的重量,当输入完成后小猴面向水果,而且会自动判断,选择最重的水果,把水果移到小猴面前,具体分析如图5-40所示。

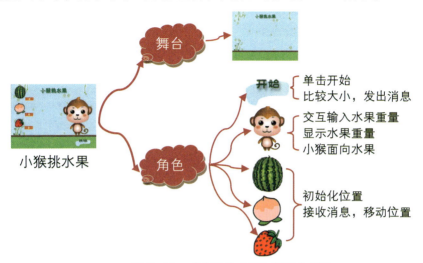

图5-40 "小猴挑水果"任务分析图

2. 算法设计

本案例的核心问题是如何比较3个水果的重量大小,其实就是从3个数中找到最大数,需要定义3个变量,分别为"西瓜重量""桃子重量""草莓重量",并给变量赋值,然后使用关系运算对变量两两比较,最终找出最重的水果,算法流程图如图5-41所示。

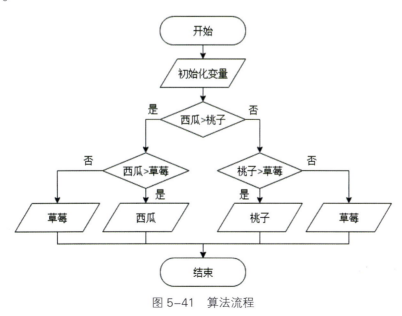

图5-41 算法流程

3. 脚本规划

本案例通过单击"开始"按钮运行程序，在角色"小猴"中给变量输入重量，再回到"开始"按钮的脚本中进行比较，最终将找到的最大值反馈给相应的水果角色，具体脚本规划如表 5-10 所示。

表 5-10 脚本规划

舞台	角色	任务描述	Scratch 积木
	开始	单击角色运行 广播开始消息	事件 当角色被单击时，广播"开始"
		接收到输入完变量的消息 开始比较大小	事件 当接收到…… 控制 选择结构 运算 ……>……
小猴挑水果	小猴	单击▶初始化变量	事件 当▶被单击 数据 变量赋值为 0
		接收到开始消息 分别输入水果重量	事件 当接收到…… 侦测 询问，回答 数据 变量赋值
	西瓜 桃子 草莓	单击▶初始化位置	事件 当▶被单击 运动 移到 x……，y……
		接收相应消息 移动小猴面前	事件 当接收到…… 运动 移到 x……，y……

加工坊

01 打开文件 运行 Scratch 软件，打开"小猴挑水果(初).sb2"文件。

02 查看脚本 在角色区选择角色，查看各个角色对应的脚本，调试程序。

03 搭建结构 选择角色"开始"，按照算法设计，搭建嵌套选择结构，脚本如图 5-42 所示。

图 5-42 搭建嵌套选择结构

04 **添加条件** 选择"运算"模块中的 ◁▷ 积木，添加比较运算，脚本如图 5-43 所示。

05 **保存文件** 运行、调试程序，将文件以"小猴挑水果(终).sb2"为名保存。

5.3.3 逻辑运算

使用关系运算可以作为判断的条件，但有时条件不止一个，比如表示一个两位数 n，在数学中可以用 9<n<100 表示，在 Scratch 中无法如此表示，需要用到 n>9 和 n<100 两个关系运算，必须要让这两个表达式同时成立(真值)，这就需用使用逻辑运算。Scratch 中逻辑运算有"与""或""不成立"3 种运算。

图 5-43 添加比较运算

案例 8 判断闰年

小猫遇到一个难题，不知如何判断闰年，找到聪明的小博士。只要输入需要判断的年号，小博士便迅速做出判断，回答是否是闰年，效果如图 5-44 所示。

图 5-44 作品"判断闰年"效果图

研究室

 1. 任务分析

本案例只有小博士 1 个角色，程序运行时，要求从键盘输入年号(数字)，然后程序判断输入的数字是否是闰年，输出相应的结果，角色任务分析如图 5-45 所示。

图 5-45 "判断闰年"任务分析图

2. 算法设计

解决本案例,首先要了解何为闰年,就是年号能被 400 整除,或者年号能被 4 整除但不能被 100 整除,这两种情况下的年号都是闰年。显然可以通过嵌套选择进行筛选,判断是否是闰年。但是除此方法之外,还可以使用逻辑运算的方式解决。

小知识

根据闰年的定义,可以列出下面 3 个关系表达式。

① 年号除以 400 的余数 =0
② 年号除以 4 的余数 =0
③ 年号除以 100 的余数 =0

因此,下述两种情况都能断定是闰年。

A:①成立
B:②成立,且③不成立

故此,只要 A 或 B 其一成立,就能断定是闰年。

3. 脚本规划

本案例需要定义变量"年号",使用询问和回答从键盘中输入数字,赋值给变量"年号",然后依据算法分析,编写逻辑运算表达式作为判定闰年条件,最终输出结果,具体脚本规划如表 5-11 所示。

表 5-11 脚本规划

舞 台	角 色	任务描述	Scratch 积木
		单击 ▶ 开始程序 输入年号 计算判断 输出结果	事件 当 ▶ 被单击 侦测 询问,回答 数据 将……设定为…… 控制 如果……那么…… 运算 ……除以……的余数,……=……

加工坊

01 打开文件 运行 Scratch 软件,打开"判断闰年(初).sb2"文件。
02 查看脚本 在角色区选择角色,查看各个角色对应的脚本,调试程序。
03 搭建结构 选择角色"开始",按照算法设计,搭建程序结构,脚本如图 5-46 所示。
04 比较运算 选择"运算"模块中的 积木,添加比较运算,脚本如图 5-47 所示。

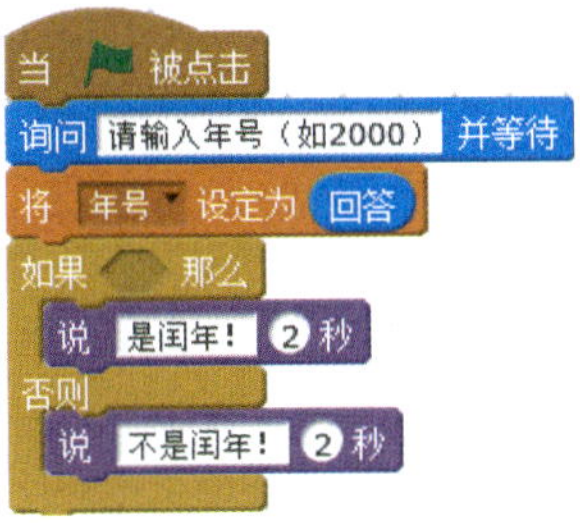

图 5-46 搭建结构 　　　　图 5-47 添加比较运算

05 逻辑运算 选择"运算"模块中的 与 或 不成立 积木,添加逻辑运算,脚本如图 5-48 所示。

图 5-48 添加逻辑运算

06 保存文件 运行、调试程序,将文件以"判断闰年(终).sb2"为名保存。

5.3.4 字符运算

程序中除了有数学运算、关系运算、逻辑运算外,还有一个专门针对字符(字符串)的运算,即字符运算,而且 Scratch 还能支持中文。字符运算包括字符串连接、取字符串中某个字符,以及计算字符串长度等运算。

案例 9　词语接龙

知会小姑娘聪明伶俐,想和大家玩词语接龙游戏,她先随机说出一词,然后你输入一词进行接龙,接龙正确则继续输入下一个词语,直至接龙失败,提示"游戏结束!",并且会公布你的成绩,效果如图 5-49 所示。

图 5-49 作品"词语接龙"效果图

 研究室

1. 任务分析

本案例有 1 个角色小女孩,程序运行时,角色"知会"随机说出一个词,然后需要从键盘输入词语进行接龙,输入过程中进行判断,如果接龙正确则继续进行,直到接龙失败,角色任务分析如图 5-50 所示。

图 5-50 "词语接龙"任务分析图

2. 算法设计

本案例有两个问题需要解决,一是小女孩知会如何随机说出词语,二是如何判断接龙是否正确。其实第一个问题,可以建立一个列表,将备选词语存放到列表中,然后随机取出项目即可实现;第二个问题就需要用到取字符运算,取出上一词语最后一个字符,再取出本次输入词语的第一个字符,两者进行比较,如果相同则满足条件,游戏继续,否则游戏结束。因此,本案例需要定义 2 个变量、2 个列表,如表 5-12 所示。

表 5-12 定义变量和列表

数据	名称	说明
变量	词语	用于存储临时输入的词语
	长度	统计词语接龙的有效词语个数
列表	备选词库	从中随机抽取一词作为开始词语
	词语接龙	显示正确接龙的词语

3. 脚本规划

依据上述的任务分析和算法设计，需要综合运用"运算""控制""数据"模块中的积木，具体脚本规划如表 5-13 所示。

表 5-13　脚本规划

舞台	角色	任务描述	Scratch 积木
		单击▶开始程序 随机说出一个词语 输入词语接龙 输入错误，提示游戏结束 显示最终成绩	事件　当▶被单击 数据　列表初始化，随机取列表项目，变量初始化 侦测　询问，回答 控制　如果……那么……否则 运算　第……个字符，……=……

加工坊

01 **打开文件**　运行 Scratch 软件，打开"词语接龙(初).sb2"文件。

02 **查看脚本**　在角色区选择角色，查看各个角色对应的脚本，调试程序。

03 **搭建结构**　选择角色"开始"，按照算法设计，搭建嵌套选择结构，脚本如图 5-51 所示。

图 5-51　搭建结构

04 **取字符运算**　选择"运算"模块中的  积木，分别取出上个词语的尾字符和本次输入的第 1 个字符，脚本如图 5-52 所示。

图 5-52　取字符运算

05 **添加条件**　选择"运算"模块中的积木，添加比较运算，脚本如图 5-53 所示。

图 5-53　比较运算

06 **完善程序**　根据算法设计，分别编写正确处理与错误处理的脚本，如图 5-54 所示。

正确处理　　　　　错误处理

图 5-54　完善程序

07 保存文件 运行、调试程序，将文件以"词语接龙（终）.sb2"为名保存。

知识库

1. 运算符

在 Scratch 中提供的运算符有很多，概括起来有算术运算符、关系运算符、逻辑运算符、字符运算符,还有一些特殊的函数运算,下面列举一些特殊运算符,如表5-14所示。

表 5-14 运算符

运算符	功能描述	实例	结果
●除以●的余数	求两数相除的余数	5 除以 2 的余数	1
将●四舍五入	将小数四舍五入	将 3.8 四舍五入	4
在①到⑩间随机选一个数	求随机数	在①到⑥间随机选一个数	2
绝对值▼ 9	求一个数的绝对值	绝对值▼ -4	4
平方根▼ 9	求一个数的平方根	平方根▼ 16	4
向下取整▼ 9	小数向下取整	向下取整▼ 6.7	6
向上取整▼ 9	小数向上取整	向上取整▼ 8.3	9
连接 hello 和 world	字符串连接运算	连接 你 和 好	你好
第①个字符：world	取字符	第②个字符：长城	城
world 的长度	测字符串的长度	北京欢迎你 的长度	5

2. 逻辑运算

逻辑运算又称布尔运算，在 Scratch 中有与运算、或运算和非运算，逻辑运算不同于数学计算，例如 A 和 B 两个逻辑值进行逻辑运算，运算结果如表 5-15 所示。

表 5-15 逻辑运算

A	B	A 与 B	A 或 B	A 不成立	B 不成立
假	假	假	假	真	真
假	真	假	真	真	假
真	假	假	真	假	真
真	真	真	真	假	假

创新园

(1) 试着修改案例"泳池面积"，除了输入长和宽，再输入泳池的深度，然后计算装满泳池需要多少升水。

(2) 编写程序，输入一个整数，判断这个数是偶数还是奇数，并添加一个角色，让角色说出正确结果。

第 6 章　使用过程快速编程

一个复杂的程序往往需要很长、很复杂的代码,而把这些代码全部编写在一段脚本中,不但不好理解,也不好测试和调试,如果把程序按照实现不同的功能划分成不同的小过程,就简单明了。

本章一起学习 Scratch 脚本区"更多积木"的功能,通过绘制变化莫测的图形,探究"过程"在程序设计中的便捷与乐趣。

 创建简单过程(定义过程、调用过程)

 使用参数过程(添加参数、控制参数)

 巧用过程嵌套(嵌套其他过程、嵌套过程本身)

6.1 创建简单过程

当一个任务的程序很多、很复杂时,可以将整体功能划分为多个部分,使用"制作新的积木"定义"过程"分别实现,最后将各个"过程"合并在一起。这样操作能让程序更加清晰,更容易调试。

6.1.1 定义过程

在使用"过程"完成任务时,首先要使用"更多积木"模块中的"制作新的模块"创建一个过程。过程创建后,就可以使用脚本区的积木来定义过程。

案例1 等边三角形

在 Scratch 中定义过程绘制一个等边三角形,执行该过程时,每次都会在指定的位置绘制大小、颜色、粗细相同的等边三角形,效果如图 6-1 所示。

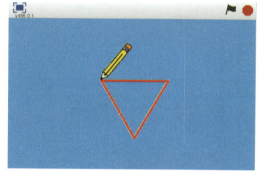

图 6-1 作品"等边三角形"效果图

1. 任务分析

首先设置舞台背景,删除"小猫"角色、添加 Pencil(铅笔)角色。在 Pencil 角色中,创建一个过程用来控制图形的位置、颜色、线条粗细等;创建另一个过程实现等边三角形的绘制,任务分析及功能描述如图 6-2 所示。

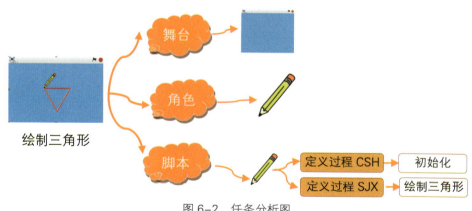

图 6-2 任务分析图

2. 脚本规划

本案例中,所有脚本都在 Pencil 角色中完成。如表 6–1 所示,CSH 过程中定义了清屏、角色位置和方向、画笔状态、颜色、大小功能。SJX 过程则是将移动和右转 120°角重复 3 次,绘制 1 个等边三角形。

表 6–1 脚本规划

舞台	角色	任务描述	Scratch 积木
舞台背景	Pencil	执行 CSH 过程: 　清屏、到达指定位置和方向 　落笔 　设置笔触颜色、粗细	更多积木 制作新的积木 (CSH) 运动 移动 x,y 坐标 画笔 清空、抬笔、设置画笔颜色、设置画笔大小
		执行 SJX 过程: 　绘制 1 个等边三角形	更多积木 制作新的积木 (SJX) 控制 重复执行……次 运动 移动、转角

加工坊

01 设置背景角色　新建 Scratch 项目,添加背景,删除"小猫"角色,单击"从角色库中选取角色"按钮,在"角色库"中找到并添加新角色 Pencil。

02 新建初始化过程　选中 Pencil 角色,按图 6–3 所示操作,制作新的积木,此时"制作新的积木"区会出现紫色 CSH 过程。

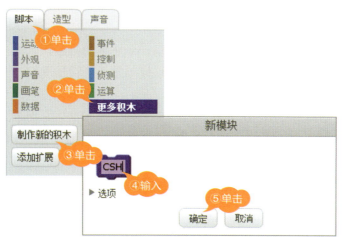

图 6–3　新建初始化过程

03 定义初始化过程　按图 6–4 所示,定义初始化过程,根据需要设置角色和画笔的状态。

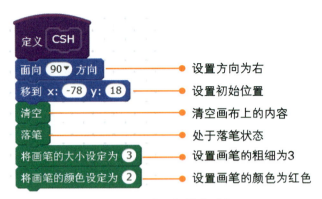

图 6-4　定义初始化过程

04　定义三角形过程　按照第 2 步相同的操作，新建 SJX 过程，按如图 6-5 所示，添加绘制等边三角形的脚本积木。

05　保存文件　按图 6-6 所示操作，测试过程，将作品保存为"等边三角形 .sb2"文件。

图 6-5　定义三角形过程

图 6-6　测试过程

6.1.2　调用过程

使用"制作新的积木"功能，可以将任何一个任务的程序积木打包成一个"过程"，在需要时随时调用，这样的做法使得程序编写更便捷、结构更清晰、测试更高效。

案例 2　正多边形排排坐

在 Scratch 中打开"正多边形排排坐 .sb2"文件，Pencil 角色脚本中已经定义好了 4 个过程，分别是初始化 (CSH)、正方形 (ZFX)、正六边形 (LBX) 和圆形 (YUAN)。调用这些过程，按照任意顺序在舞台上组合这些图形，如图 6-7 所示，顺序为正方形、正六边形和圆形。

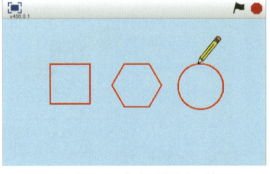

图 6-7　作品"正多边形排排坐"效果图

第6章 使用过程快速编程

研究室

1. 任务分析

首先对原作品进行分析,读懂作品的构成及积木功能。初始化、正方形、正六边形和圆形过程已经定义好了,需要考虑绘制完成一个图形后,如何将角色对象移到下一个图形的位置,最后将过程进行组合,任务分析如图6-8所示。

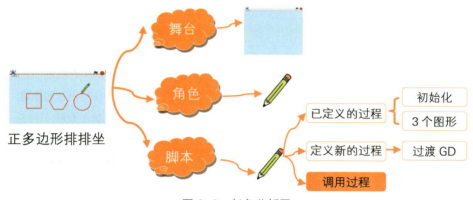

图6-8 任务分析图

2. 脚本规划

首先在Pencil角色中定义过渡(GD)过程,由抬笔、移动和落笔3个积木组成;再根据任务要求,按照顺序调用定义好的5个过程,完成3个图形任意顺序的组合。任务脚本分析如表6-2所示。

表6-2 脚本规划

舞台	角色	任务描述	Scratch 积木
浅蓝背景	Pencil	已有过程: 初始化 绘制三角形、正六边形和圆形	CSH ZFX LBX YUAN
		定义 GD 过程: 抬笔、向右移动、落笔	更多积木 制作新的积木(GD) 画笔 抬笔、落笔 事件 移动
		单击▶运行程序: 舞台上只出现三角形、正六边形和圆形的排列	事件 当▶被单击 更多积木 依次调用过程 CSH → ZFX → GD → LBX → GD → YUAN

139

加工坊

01 定义过渡过程 运行 Scratch 软件,打开"正多边形排排坐.sb2"文件,选中 Pencil 角色,按图 6-9 所示,定义过渡(GD)过程。

图 6-9 定义"过渡"过程

02 组合积木 按图 6-10 所示,从脚本区添加代码和过程,完成图形的组合。

03 测试保存 运行程序,根据图形排列效果适当调整参数,调试后将作品保存。

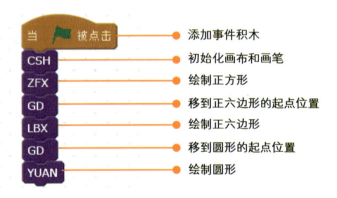

图 6-10 组合积木

知识库

1. 使用过程的意义

用过程的思维解决复杂问题的本质就是"分而治之",即将一个复杂的问题分解成多个子过程分别解决、独立测试,最后将这些子过程整合在一起,从而解决了最初的问题。如图 6-11 所示,虽然两种方法都可以绘制出正方形,但使用过程显得更加清晰。

2. 规范命名过程名

通常使用英文字母对过程进行命名,字母不分大小写。建议选择能够说明其作用的名称,如果你的脚本是数月前写的,那这个名称要有助你快速回忆起过程的功能。例如,要展示当前游戏中玩家的分数,可以将过程命名为 ShowScore,如果随意命名为 aaa、bbb,无论自己还是其他人,阅读此段脚本,都无法立刻明白该过程的功能。

第 6 章 使用过程快速编程

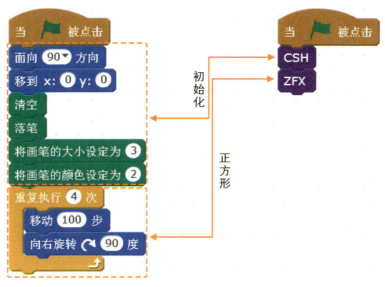

图 6-11 积木块与过程对应图

(1) 分别使用直接编程和定义过程编程的方法，完成如图 6-12 所示的正多边形排列图形，说说过程的作用，观察、思考正多边形边数与边长的关系。

(2) 想想完成图 6-13 所示的图形，需要定义几个过程？其中过渡过程该如何设计脚本积木？尝试运用本节所学知识定义、调用过程完成图形绘制。

图 6-12 作品"正多边形排列"效果图　　图 6-13 作品"旋转的多边形风车"效果图

6.2 使用参数过程

通过前面的学习，我们掌握了运用过程进行绘图，但每绘制一个图形，都需要定义一个新的过程，仍然不够灵活。如果为过程添加参数，通过控制这些参数，就可以

141

让一个过程实现绘制多个图形的功能。

6.2.1 添加参数

为过程添加参数，就是根据具体任务将积木块中的具体数值先空出来，用一个变量代替，等到运行时，根据需求分别为这些参数赋值，Scratch 会自动将赋的值带入过程中执行。

扫一扫，看视频

案例 3　图形万花筒

如图 6-14 所示，设计一个绘制正多边形的图形万花筒过程，当运行这个程序时，不仅可以绘制出任意的正多边形，还可以控制该图形大小和线条的颜色、粗细。

图 6-14　作品"图形万花筒"效果图

 研究室

1. 任务分析

从任务的描述先分析出哪些量是变化的，如绘制正多边形前画笔的颜色和大小、图形的边数和边长。如图 6-15 所示，在制作新的积木时，为过程中变化的量添加参数，并在定义过程时用这些参数分别代替具体的数值，最后在调用过程时，分别为这些参数赋值。

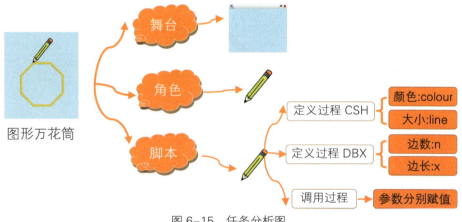

图 6-15　任务分析图

第 6 章　使用过程快速编程

2. 脚本规划

任务脚本分三个部分，分别是定义 CSH 过程、定义 DBX 过程和调用。如表 6-3 所示，在定义 CSH 过程时，需要将画笔的颜色和大小设置成参数；在定义 DBX 过程时，需要将边长和边数设置成参数；最后调用 CSH 和 DBX 过程，分别为这些参数赋值。

表 6-3　脚本规划

舞台	角色	任务描述	Scratch 积木
浅蓝背景	Pencil	定义 CSH 过程： 清除屏幕 到达指定位置和方向后落笔 画笔颜色为 colour、大小为 line	更多积木 制作新的积木 (CSH) 增加参数 colour 和 line 运动 移动 x,y 坐标 画笔 清空、抬笔、设置画笔颜色为 colour、大小为 line
		定义 DBX 过程： 绘制边长为 x 的正 n 边形	更多积木 制作新的积木 (DBX) 增加变量 x 和 n 控制 重复执行 n 次 运动 移动 x、右转 360/n°
		单击 ▶ 运行程序： 绘制画笔颜色为 colour、大小为 line；任意大小的正多边形	事件 当 ▶ 被单击 更多积木 依次调用过程 CSH → LFX，分别给参数赋值

 加工坊

01 **添加背景角色**　新建 Scratch 项目，添加淡蓝色背景，删除"小猫"角色，在"角色库"中找到并添加角色 Pencil。

02 **新建初始化过程**　选中 Pencil 角色，按图 6-16 所示操作，新建初始化过程，将过程命名为 CSH，添加参数 colour 和 line。

03 **定义初始化过程**　按图 6-17(左) 所示，添加初始化积木；按图 6-17(右) 所示操作，用参数 colour 和 line 分别替换颜色和画笔大小的数值。

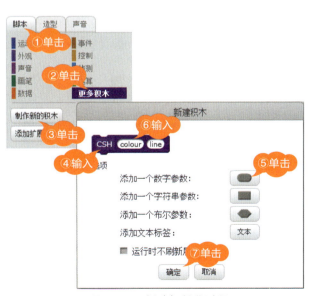

图 6-16　新建初始化过程

143

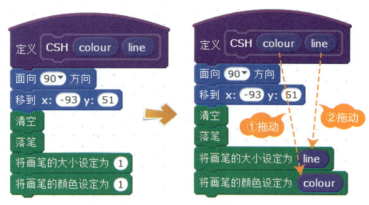

图 6-17 定义初始化过程

04 新建正多边形过程 按照第 2 步相同的操作,新建 DBX 过程,如图 6-18 所示,参数 x 表示边长,参数 n 表示边数。

05 定义正多边形过程 添加如图 6-19 所示的积木,完成正多边形的过程定义。

图 6-18 新建正多边形过程　　图 6-19 定义正多边形过程

06 调用过程 添加如图 6-20(左)所示的程序积木,过程所有的参数默认值为 1;按图 6-20(右)所示操作,修改 colour、line 值为 30 和 5,n、x 值为 8 和 40。

图 6-20 调用过程

07 测试保存 运行程序,绘制出一个边长为 40 的正八边形,图形的颜色为黄色,线条粗细为 5(图 6-21),保存文件。

图 6-21 运行测试程序

6.2.2 控制参数

在 Scratch 中新建带参数的过程后，默认参数值都为 1，运行时需要根据具体任务为参数赋值。一旦参数赋值后就又变成了一个具体的数，在程序的执行过程中就不再发生变化。如果我们用变量的方式为这些参数赋值，程序将变得更加有趣。

案例 4 旋转的五彩多边形

设计一个"旋转的五彩多边形"程序，当程序运行时，每绘制一个图形，边长就会大一点，颜色也发生改变，而且不断旋转，直到最大的边长达到 100 后停止，效果如图 6-22 所示。

研究室

1. 任务分析

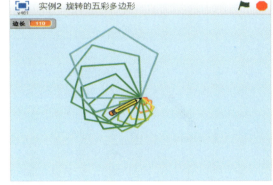

图 6-22 作品"旋转的五彩多边形"效果图

如图 6-23 所示，定义一个初始化和多边形的过程，分别用 4 个参数控制颜色、粗细、边数和边长。在调用过程进行绘图时，画图粗细和正多边形的边数赋值后不再发生变化，可以使用数值直接赋值；线条的颜色、图形的边长则需要通过变量为参数赋值。

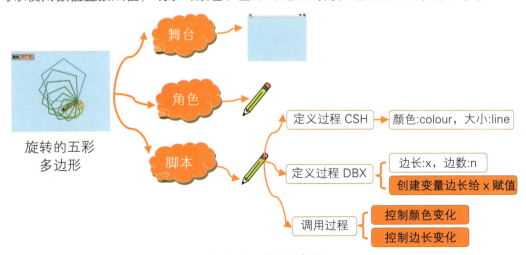

图 6-23 任务分析图

2. 脚本规划

此任务的脚本都在 Pencil 角色中完成，如表 6-4 所示，定义过程 CSH，将画笔的颜色和大小设置成参数 colour 和 line；定义过程 DBX，将边长和边数设置成参数 x 和 n，并创建变量"边长"为 x 赋值。在调用过程绘图时，需要添加语句控制颜色和边长的变化，并通过设置条件循环，终止程序运行。

表 6-4　脚本规划

舞台	角色	任务描述	Scratch 积木
浅蓝背景	 Pencil	定义 CSH 过程： 　清除屏幕、到达指定位置和方向 　落笔 　设置画笔颜色为 colour、大小为 line	更多积木 制作新的积木 (CSH) 增加参数 colour 和 line 运动 移动 x,y 坐标 画笔 清空、抬笔、设置画笔颜色为 colour、大小为 line
		定义 DBX 过程： 　绘制边长为 x 的正 n 边形 　添加变量"边长"，为 x 赋值	更多积木 制作新的积木 (DBX) 增加参数 x 和 n 控制 重复执行 n 次 运动 移动 x、右转 360/n° 数据 新建变量"边长"，使用边长为 x 赋值
		单击 ▶ 运行程序： 　初始化，设置画笔颜色和大小 　设置最小的边长为 10 　不停绘制正多边形图形 　(1) 边长大于 100 停止 　(2) 每绘制一个边长增加 10 　(3) 每绘制一个颜色增加 10 　(4) 每绘制一个右转 20°	事件 当 ▶ 被单击 更多积木 调用 CSH；重复调用 DBX 控制 如果……那么…… 运算 边长 >…… 数据 将边长设定为、将边长增加为 画笔 将画笔颜色增加 运动 右转

加工坊

01 添加背景角色　新建 Scratch 项目，添加淡蓝色背景，删除"小猫"角色，添加角色 Pencil。

02 定义过程　按图 6-24 所示，添加积木，定义初始化和正多边形过程。

03 新建边长变量　按图 6-25 所示操作，新建一个变量，将其命名为"边长"。

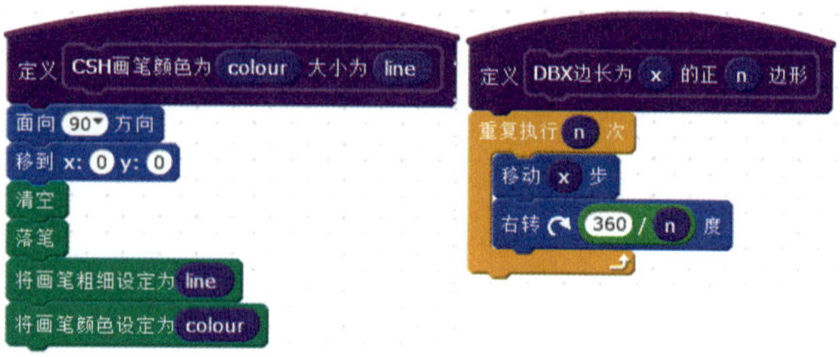

图 6-24　定义过程

04 组合程序积木 添加如图 6-26 所示的积木，完成任务图形程序积木的组合。

05 修改积木参数 按图 6-27 所示，根据任务图形修改程序积木中的参数，思考这些参数分别控制图形的哪些因素。

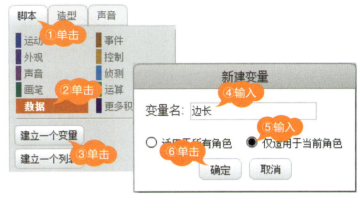

图 6-25 新建边长变量

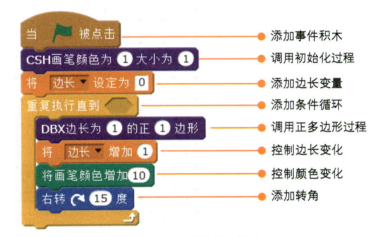

图 6-26 组合程序指令

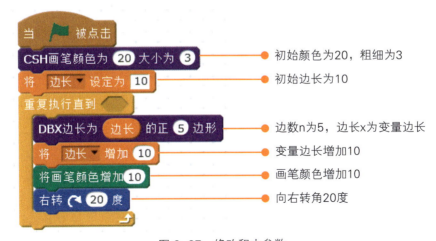

图 6-27 修改积木参数

06 控制循环次数 按图6-28所示，添加运算符中的比较积木，设置"边长>100"条件，控制图形大小。

07 测试程序 测试程序，根据需要调整参数，绘制出各种旋转变化的图形，保存作品。

图6-28 控制循环次数

知识库

1. 过程的易读性

如图6-29(左)所示，在定义DBX过程时，我们很清楚n和x参数的意义，但调用DBX过程时，为参数赋值却容易混乱，参数越多越容易犯错。如果在新建过程时，将"插入文本标签"和"数字参数"配合使用，把过程名定义为有意义的短句，像图6-29(右)所示的方式，是不是更容易理解？调用过程时赋值就像完成填空一般。

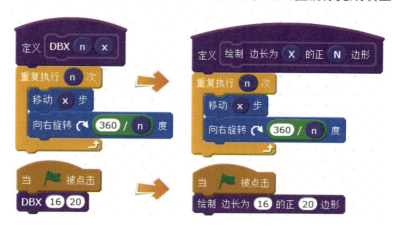

图6-29 过程的易读性

2. 过程的形式参数和实际参数

过程中的参数分为形式参数和实际参数。如图6-30所示，其功能是调用过程完成边长为16的正20边形的绘制。左图的过程有2个形式参数，分别是x和n，形式参数是个未知数，定义了过程的输入。右图调用了这个过程，并在凹槽中填写了值或表达式，其中数字16和20叫作过程的实际参数。形式参数和实际参数必须数量相同、位置对应。

第 6 章 使用过程快速编程

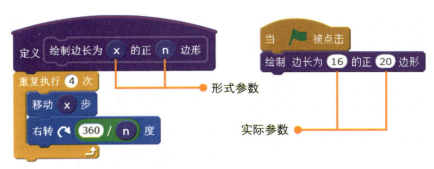

图 6-30 形式参数和实际参数

3. 过程使用注意事项

通过定义、调用过程进行编程，我们体会到了过程对于程序的强大功能，不仅可以化繁为简，将复杂的程序简单化，还可以增强程序的易读性和趣味性。在使用时，需要注意以下方面。

- 过程不能在角色之间共享。例如，在角色 Pencil 中创建的过程只能在该角色内使用。同样，由舞台中创建的过程也只能在舞台内使用。
- 给参数命名时，建议使用有实际意义的名称，使其功能和作用一目了然。
- 只有在过程没有被使用的前提下，该过程才能被删除。
- 若要删除过程的参数，打开"编辑功能"对话框，选中参数名称，再单击上方出现的 × 图标。

创新园

(1) 使用参数变化的过程，完成如图 6-31 所示的图形，思考完成这个图形需要设置哪些参数，这些参数是如何变化的。

(2) 如图 6-32 所示，都是正方形旋转变化的图形，左图为从小变到大，而右图为从大变到小，思考如何通过积木控制大小变化，编写程序完成图形绘制。

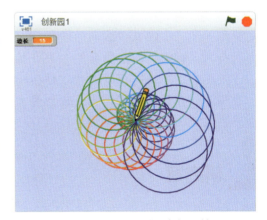

图 6-31 作品"五彩的海螺"效果图

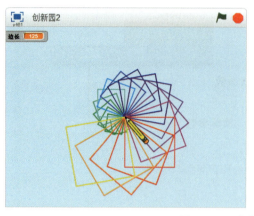 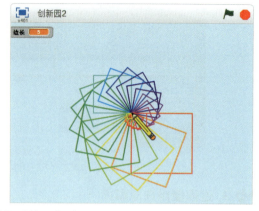

图 6-32 变化不同的正方形

6.3 巧用过程嵌套

正如我们前面学习的，过程应当执行单一的、明确定义的任务，但为了执行多个任务，通常都希望在过程中嵌套其他过程，这在 Scratch 中是完全可行的。过程的嵌套提高了程序在结构化和组织上的灵活性。

6.3.1 嵌套其他过程

一个过程调用另一个过程，称之为过程的嵌套。通常将被调用的过程称为子过程，调用子过程的过程称为主过程。

案例 5　小蜘蛛织大网

制作一个"小蜘蛛织大网"的作品，当程序运行时，蜘蛛从舞台背景的中央开始织网，仔细观察，小蜘蛛织网时每次都会吐出一个三角形，并且网越织越大，直到最大网的边长达到 150 后停止，效果如图 6-33 所示。

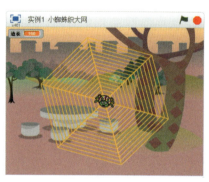

图 6-33 作品"小蜘蛛织大网"效果图

作品舞台背景与角色均从 Scratch 素材库中添加。首先定义 CSH 和 SJX 过程，

绘制出任意颜色、粗细和大小的等边三角形；再定义 LBX 过程，通过重复调用子过程 SJX 和转角，完成一圈蜘蛛网的绘制；最后组合图形，通过设置条件控制图形的变化。任务分析如图 6-34 所示。

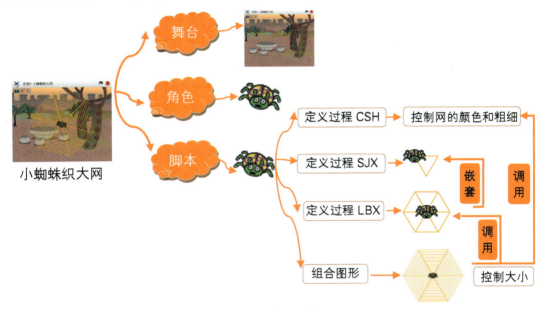

图 6-34 任务分析图

2. 脚本规划

此任务的脚本都在"蜘蛛"角色中完成。如表 6-5 所示，定义过程 CSH，将画笔的颜色和大小设置成参数 colour 和 line；定义子过程 SJX，将边长设置成参数 x；定义过程 LBX，通过嵌套子过程 SJX 和转角，完成一圈蜘蛛网的绘制。在调用过程组合图形时，首先调用 CSH，并为 colour 和 line 赋值，再重复调用 LBX，通过添加变量和条件语句，控制图形的大小。

表 6-5 脚本规划

舞台	角色	任务描述	Scratch 积木
背景	蜘蛛	定义 CSH 过程： 清除屏幕 到达指定位置和方向后落笔 设置画笔颜色为 colour、大小为 line	更多积木 制作新的积木 (CSH) 增加参数 colour 和 line 运动 移动 x,y 坐标 画笔 清空、抬笔、设置画笔颜色为 colour、大小为 line
		定义 SJX 过程： 绘制边长为 x 的等边三角形	更多积木 制作新的积木 (SJX) 增加参数 x 控制 重复执行 3 次 运动 移动 x 步、右转 360/3°

(续表)

舞台	角色	任务描述	Scratch 积木
背景	蜘蛛	定义 LBX 过程： 绘制一圈蜘蛛网	`更多积木` 制作新的积木 (LBX) 增加参数 x，嵌套 SJX `控制` 重复执行 6 次 `运动` 右转 60°
		单击 ▶ 运行程序： 初始化，设置画笔颜色和大小 设置最小的边长为 0 不停地绘制一圈蜘蛛网 (LBX) (1) 边长大于 150 停止 (2) 每绘制一个边长增加 10 (3) 观察蜘蛛织网的过程	`事件` 当 ▶ 被单击 `更多积木` 调用 CSH，重复调用 DBX `控制` 如果……那么、等待 `运算` 边长 > …… `数据` 将边长设定为、将边长增加为 `画笔` 将画笔颜色增加 `运动` 右转

加工坊

01 添加背景角色 新建 Scratch 项目，选择添加 woods and bench 背景，更名为"郊外"；删除"小猫"角色，选择添加 Ladybug2 角色，更名为"蜘蛛"。

02 定义初始化过程 按图 6-35 所示，添加积木，定义初始化过程。

03 定义子过程 按图 6-36 所示，添加积木，定义绘制三角形的子过程，其中三角形的边长设置为参数 x。

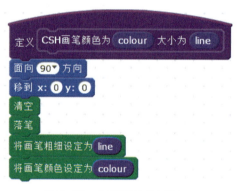

图 6-35 定义初始化过程

图 6-36 定义子过程

04 定义主过程 按图 6-37 所示，添加积木，通过嵌套子过程 SJX 绘制一圈蜘蛛网。

05 新建变量 按图 6-38 所示，新建一个变量，将其命名为"边长"。

第 6 章　使用过程快速编程

图 6-37　定义主过程

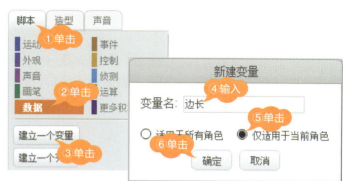

图 6-38　新建变量

06 组合程序积木　添加如图 6-39 所示的积木，完成任务图形程序积木的组合。

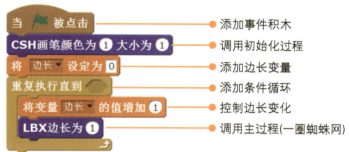

图 6-39　组合程序指令

07 修改积木参数　按图 6-40 所示，根据任务图形修改积木中的参数，思考这些参数分别控制图形的哪些因素。

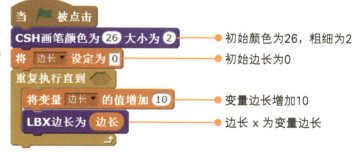

图 6-40　修改积木参数

08 控制循环次数　按图 6-41 所示，添加运算符中的比较积木块，添加 "边长 >150" 条件，控制图形大小。

09 测试程序　测试程序，根据需要调整参数，将作品保存到自己的文件夹中。

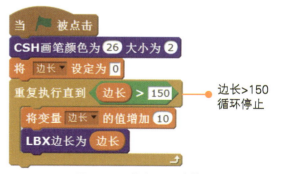

图 6-41　控制循环次数

153

6.3.2 嵌套过程本身

俄罗斯最具特色的玩具"套娃",打开第一个,会出现形状相同次大的;再打开,又会出现形状相同更小的。过程的嵌套就是一个过程里装着另外一个过程,如果一个过程中装着过程自己,通常称为递归过程。

扫一扫,看视频

📙 案例 6　神奇的正方形套娃

设计一个 Scratch 程序,当运行程序时,大的正方形四个角位置画出小正方形,在小正方形的四个角位置又画出更小的正方形……里面套着的小正方形边长是它外面的大正方形边长的四分之一,如图 6-42 所示,是不是很像套娃。

###

🔍 1. 任务分析

作品舞台背景默认为白色,角色从"角色库"中添加。首先定义初始化过程 CSH,用来控

图 6-42　作品"神奇的正方形套娃"效果图

制图形的位置、画笔颜色和粗细,再定义"边长为 x 的正方形"过程,通过自我调用实现"套娃"效果。任务分析如图 6-43 所示。

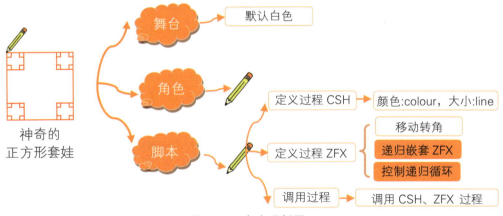

图 6-43　任务分析图

2. 脚本规划

此任务的脚本都在 Pencil 角色中完成，如表 6-6 所示，定义过程 CSH，将画笔的颜色和大小设置成参数 colour 和 line；定义 ZFX 过程，将边长设置为参数 x，重复调用 4 次 ZFX 过程，每次调用时通过改变 x 的值，角色的位置、方向来控制图形变化；最后还要设置条件，控制正方形的个数。

表 6-6　脚本规划

舞台	角色	任务描述	Scratch 积木
白色背景	Pencil	定义 CSH 过程： 清除屏幕 到达指定位置和方向后落笔 设置画笔颜色为 colour、大小为 line	**更多积木** 制作新的积木 (CSH) 增加参数 colour 和 line **运动** 移动 x,y 坐标 **画笔** 清空、抬笔、设置画笔颜色为 colour、大小为 line
		定义 ZFX 过程： 绘制一个边长为 n 的正方形 不停地重复 ZFX 当边长 <10 停止	**更多积木** 制作新的积木 (ZFX) 增加参数 x，调用 ZFX **控制** 重复执行 n 次 **运动** 移动 x、右转 360/4° **运算** x < ……、x/4
		单击 ▶ 运行程序： 初始化，设置画笔颜色和大小 调用过程 ZFX，为 x 赋值	**事件** 当 ▶ 被单击 **更多积木** 调用过程 CSH、DBX

加工坊

01 **更改角色** 新建 Scratch 项目，删除"小猫"角色，添加角色 Pencil。

02 **定义初始化过程** 按图 6-44 所示，添加积木，定义初始化过程。

03 **定义递归过程** 按图 6-45 所示，添加积木定义递归过程，赋值运行，Pencil 会不停地重复绘制正方形。

04 **控制图形变化** 添加如图 6-46 所示的积木，实现每递归 1 次，正方形的边长为原来边长的四分之一。

05 **组合过程** 按图 6-47 所示，组合任务积木，测试程序，根据需要调整参数绘制出各种变化的图形。

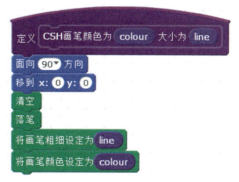

图 6-44　定义初始化过程

Scratch 创意编程趣味课堂

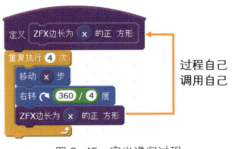

图 6-45 定义递归过程

图 6-46 控制图形变化

图 6-47 组合过程

 知识库

1. 过程的嵌套

如表 6-7 所示，Scratch 中过程可以多次嵌套，如方法 1 中，LBX 调用了 SJX，而 ZZW 又调用了 LBX，因此 LBX 既是 SJX 的主过程又是 ZZW 的子过程。绘制同一个图形，对图形不同的分析，就会用不同的过程思维去实现。如方法 1、方法 2 中，最小的子过程都是定义 1 个三角形。不同的是，方法 1 先调用 6 个相同大小的三角形进行旋转，再形成蛛网；而方法 2 则先调用 4 个不同大小的三角形，再进行旋转形成蛛网。

表 6-7 过程嵌套图形与脚本分析

	2 级子过程	1 级子过程	主过程
方法 1			

（续表）

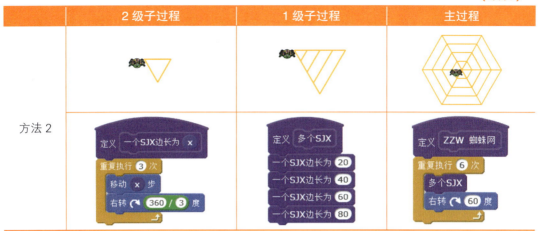

2. 过程的递归

递归过程其实是过程嵌套的一种特殊形式，是过程调用过程本身。正因为有这样的特点，它具备无限循环的特点。一般需要通过添加条件、控制变量来控制递归的次数。如图 6-48 所示，递归变量的控制一般包括三个要素。

- **循环初值** 递归过程第 1 次循环时，变量获得的值，一般是运行过程时进行赋值。
- **变化趋势** 用来控制递归过程中变量的变化，如不断变大还是渐渐变小；一般在递归时使用表达式对变量进行赋值。
- **循环终止** 用来控制递归的终止，通常使用"大于一个最大数"或"小于一个最小数"，循环终止一般写成逻辑表达式，作为重复语句的终止条件。

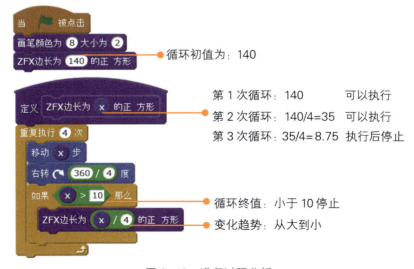

图 6-48 递归过程分析

3. 运行时不刷新屏幕

如图 6-49 所示，在定义参数过程时打开"选项"菜单，会出现"运行时不刷新屏幕"选项。在使用过程嵌套绘制图形时，不勾选该选项，程序运行时，每调用 1 次子过程，屏幕会停顿一下，可以观察图形的绘制过程；如果勾选该选项，程序会一次性执行完，这样程序运行速度会更快。

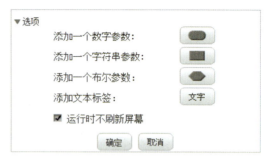

图 6-49 "新建积木"对话框

(1) 使用过程的嵌套完成如图 6-50 所示的图形，思考这个图形需要定义几个过程，每个过程分别实现什么功能，如何控制图形的大小和颜色的变化？

(2) 运用过程的递归，完成如图 6-51 所示的图形，左图可以通过控制循环变量改变正方形嵌套的个数，右图可以通过改变过程中重复次数和转角控制基本图形的形状。

图 6-50 作品"不一样的蜘蛛网"效果图

图 6-51 作品"变化莫测的递归"效果图

第 7 章　掌握编程算法

通过前几章的学习，我们知道程序就是用来解决问题的，比如计算泳池的面积、小猴挑水果等程序，需要给出具体的计算方法或选择条件，也就是找到合适的算法，"程序 = 数据结构 + 算法"，数据结构就是解决数据的存储问题，而算法就是解决问题的方法，也是程序的核心。

本章围绕"掌握编程算法"，从常用排序方法的探究，寻找数学方法解决问题的策略，枚举出所有的可能性，以及归纳总结问题解决的公式，甚至用多种方法解决问题，让我们一起在 Scratch 中感受算法的独特魅力。

学习内容

 常用排序算法（选择排序、冒泡排序）

 解析与枚举（解析法、枚举法）

 递推与递归（递推法、递归法）

7.1 常用排序算法

体育赛事公示成绩名次，实时更新数据，始终按照从高到低排列；站队、排座位往往依据身高进行排列，这些生活中的实际问题通过程序来解决，都不可避免需要处理一串数字，并且将这些数字进行有序排列，或者从小到大，或者从大到小，这种处理方式就是排序。常见的排序算法有选择排序、冒泡排序、插入排序、桶排序等。

7.1.1 选择排序

选择排序是一种简单直观的排序算法。它的工作原理是，每一次从待排序的数据元素中选出最小（或最大）的一个元素，存放在序列的起始位置，直到全部待排序的数据元素排完。这种方式犹如打擂台一般，挑战选手与擂主PK，胜利者留在擂台，一轮下来决胜出最强者，以此类推，剩下的选手再选出擂主，直到所有选手全部打完。

扫一扫，看视频

案例1 字母排序

小猫在翻阅英文字典，发现所有单词均按照一定的次序排列，于是研究用Scratch来编程，自动对输入的字母进行排序，按照字典顺序排列。如图7-1所示，编程实现字母排序的动画效果。

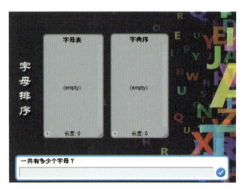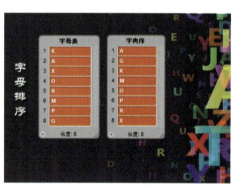

图7-1 作品"字母排序"效果图

研究室

1. 任务分析

本案例没有任何角色，所有任务都在舞台中完成，定义2个列表，分别是字母表和字典序。字母表用来存储原有字母顺序，字典序则是按照字典顺序进行排列，如图7-2所示。

图 7-2 "字母排序"任务分析图

2. 算法设计

根据任务分析，案例核心问题是排序的具体算法，即选择排序的方法。将字母序列分成有序和无序两部分，在无序字母区中找到最小元素，放到已排序字母序列的末尾。以此类推，直到所有元素均放入有序区末尾。下面以任意 4 个字母为例，模拟排序过程如图 7-3 所示。

	①	②	③	④	
初始状态	K	U	A	B	是否交换
第 1 趟	K	U	A	B	1、3 交换
第 2 趟	A	U	K	B	2、4 交换
第 3 趟	A	B	K	U	否
最终状态	A	B	K	U	

□ 待排序　■ 被操作　■ 最小数　■ 已排序

图 7-3　模拟排序过程

因此，按照上述分析，发现 4 个字母找最小字母需要 3 趟，如果有 n 个字母，则要查找 n-1 趟，那么第 i 趟就要进行 n-i 次比较，找到的最小字母就和当前 i 位置交换。为了有序调整字母位置，共需定义 5 个变量、2 个列表，具体功能描述如表 7-1 所示。

表 7-1　定义变量和列表

数　据	名　称	说　明
变量	n	表示字母的数量
	i	用来记录当前趟数
	j	用来记录查找具体位置
	p	当找到最小字母，用 p 记录位置
	temp	用来交换两数的中间变量
列表	字母表	输入的字母原始顺序
	字典序	按照字典顺序进行排列

3. 脚本规划

本案例问题较为复杂，因此使用新建积木，将复杂的问题结构化处理，主要使用"数据""控制"模块中的积木，具体脚本规划如表 7-2 所示。

表 7-2 脚本规划

舞 台	任务描述	Scratch 积木
	单击 ▶ 开始程序 输入字母的个数 依次输入各个字母 按照字典序排列	事件　当 ▶ 被单击 侦测　征询，回答 控制　重复执行……次 运算　……＞…… 数据　将……设定为……

加工坊

01 打开文件 运行 Scratch 软件，打开"字母排序（初）.sb2"文件。

02 查看脚本 在角色区选择舞台，查看舞台脚本，如图 7-4 所示。

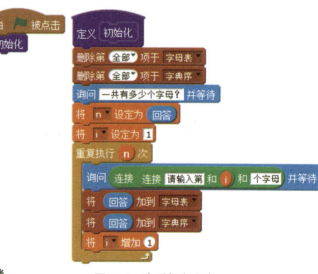

图 7-4 查看舞台脚本

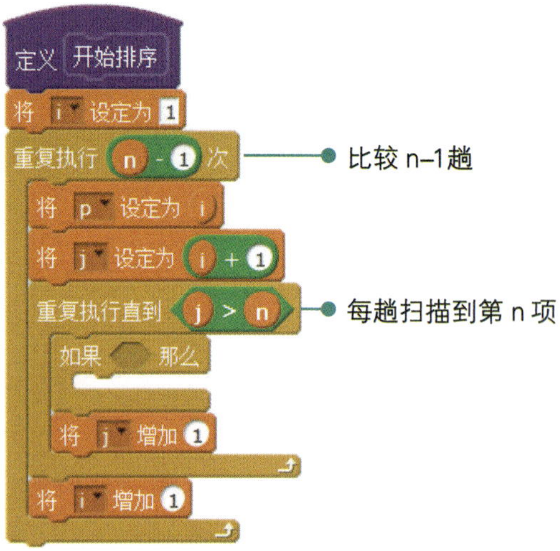

03 新建积木 选择"更多积木"模块，单击"制作新的积木"，分别新建"开始排序"和"交换两数"2 个积木。

04 搭建结构 给自定义"开始排序"添加积木，搭建选择排序算法的结构，框架如图 7-5 所示。

图 7-5 搭建"开始排序"结构

05 **开始比较** 按照算法设计，给每次比较添加条件，并用变量 p 记录满足条件的位置，脚本如图 7-6 所示。
06 **交换位置** 选择自定义的积木"交换两数"，将 p 位置的字母与 i 位置的字母交换，脚本如图 7-7 所示。

图 7-6 开始比较

图 7-7 交换位置

07 **合成脚本** 先将"交换两数"添加到"开始排序"脚本中，然后将"开始排序"添加到主程序中，脚本如图 7-8 所示。
08 **保存文件** 运行、调试程序，以"字母排序(终).sb2"为名保存文件。

图 7-8 合成脚本

7.1.2 冒泡排序

冒泡排序是一种极其简单的排序算法，重复地访问要排序的元素，依次比较相邻 2 个元素，如果它们的顺序错误就将其调换过来，直到没有元素再需要交换为止。每次把最大(或最小)的元素经过交换慢慢"浮"到数列的顶端，就像水汽冒泡一般，因此得名冒泡排序。

扫一扫，看视频

案例 2　动物排队

小猫、小猴、企鹅等动物在森林中集训，鹦鹉教练按照各个动物的月龄大小进行排列，从左向右月龄越大。运行程序，鹦鹉要求分别输入各个动物的月龄，当输入完成后，按键盘上的任意键便能自动按照月龄从小到大依次排列，如图 7-9 所示。

图 7-9　作品"动物排队"效果图

研究室

1. 任务分析

本案例涉及 6 个动物角色，其中鹦鹉作为教练，其他动物作为排队的对象。程序运行时，首先在鹦鹉角色中初始化数据，输入各个动物的月龄，并且根据月龄排序，而其他 5 个动物角色任务相同，都是在收到相应的顺序后，站到舞台对应序列的位置。具体任务分析如图 7-10 所示。

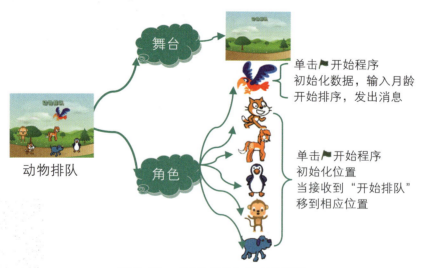

图 7-10　"动物排队"任务分析图

2. 算法设计

根据任务分析，要使动物能够根据月龄大小站队，需要解决 2 个问题。其一，能对输入的月龄按照从小到大排序；其二，如何能控制 5 个动物角色移到对应序列的位置。

(1) 排序算法

本例采取冒泡排序的方法，指针从第一位数开始扫描比较，若左边的数比右边的数大，则与左边交换。指针移向下一位继续扫描，直到最后一位，第一轮找出最大的数。再按照同样的方法找到第二大的数，以此类推，直到最终完成排序。模拟一趟排序的过程如图 7–11 所示。

	①	②	③	④	⑤	交换状态
初始状态	22	9	16	24	15	交换状态
第 1 次	22	9	16	24	15	1、2 交换
第 2 次	9	22	16	24	15	2、3 交换
第 3 次	9	16	22	24	15	不用交换
第 4 次	9	16	22	24	15	4、5 交换
一趟结束	9	16	22	15	24	确定位置

☐ 待排数字　■ 需要比较　■ 找到最大数

图 7–11　模拟一趟过程

(2) 确定坐标

按照上述分析，冒泡排序过程共需定义 5 个变量，为了有序帮助各个动物准确定位坐标位置，还需要定义 4 个列表，具体功能描述如表 7–3 所示。

表 7–3　定义变量和列表

数　据	名　称	说　明
变量	i	用来记录当前趟数
变量	j	用来记录查找具体位置
变量	temp	用来交换两数的中间变量
列表	动物	按照一定顺序列举 5 个动物
列表	月龄	存储对应顺序动物的月龄
列表	顺序	记录动物排列顺序
列表	x 坐标	5 个动物站位的 x 坐标

因此，巧妙使用这 4 个列表的对应关系，按照月龄大小调整顺序，由顺序对应坐标的项目号，从而有序控制动物坐标的位置。如图 7–12 所示，根据输入的月龄大小，小猴排在第 1 位，舞台坐标位置是 (–190,–120)，企鹅排在第 3 位，舞台坐标是 (5,–120)。

3. 脚本规划

本案例中，"鹦鹉"脚本是解决问题的关键，排序算法和确定坐标都在其中完成，而其他动物角色只需移到确定的坐标位置即可。如表 7–4 所示，鹦鹉脚本中定义了"初始化""交换两数""冒泡排序"3个积木,使程序结构更加清晰。

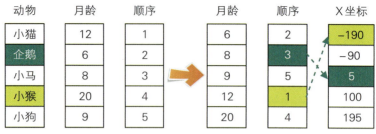

图 7-12 对应坐标位置

表 7-4 脚本规划

舞台	角色	任务描述	Scratch 积木
舞台背景	鹦鹉	单击▶开始程序 执行"初始化"过程: 　初始化数据 　输入月龄大小 　顺序列表初始序号	更多积木 制作新的积木(初始化) 运动 移到 x,y 坐标 控制 重复执行……次 侦测 询问,回答 数据 将……设定为……
		单击▶开始程序 执行"冒泡排序"过程: 　分趟数比较,交换位置 　发送消息"开始排队"	更多积木 制作新的积木(冒泡排序,交换两数) 控制 重复执行……次 运算 ……>……
	其他动物	单击▶开始程序 初始化位置	事件 当▶被单击 运动 移到 x,y 坐标
		当接收到"开始排队" 移动指定坐标位置	事件 当接收到…… 运动 移到 x,y 坐标

加工坊

01 打开文件 运行 Scratch 软件,打开"动物排队(初).sb2"文件。

02 查看鹦鹉脚本 在角色区选择"鹦鹉",查看其初始化脚本,如图 7-13 所示。

图 7-13 查看"鹦鹉"脚本

03 查看小猴脚本 在角色区选择"小猴"角色，初始化位置以及排序完成后移到指定位置，脚本如图 7-14 所示。

图 7-14 查看小猴脚本

04 新建积木 选择"更多积木"模块，单击"制作新的积木"，分别新建"冒泡排序"和"交换两数"2 个积木。

05 搭建结构 选择角色"鹦鹉"，给自定义"冒泡排序"添加积木，搭建冒泡排序算法的结构，框架如图 7-15 所示。

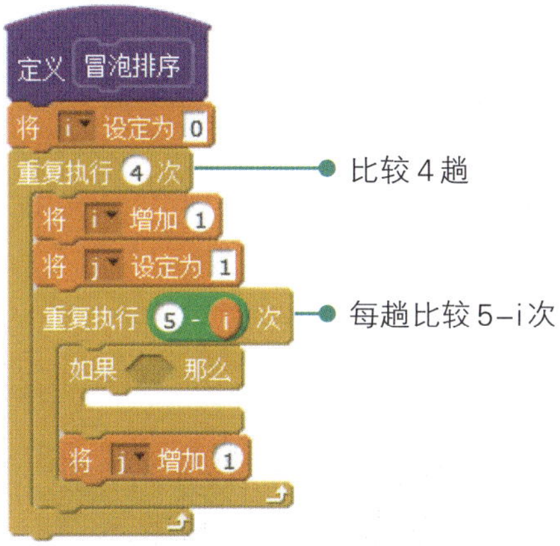

06 添加条件 按照冒泡排序算法，相邻两数之间比较，如果前者大于后者，两数位置交换，关系表达式如图 7-16 所示。

07 交换位置 选择自定义的积木"交换两数"，将列表"月龄"与"顺序"中 j 位置、j+1 位置的两数交换，脚本如图 7-17 所示。

08 合成脚本 先将"交换两数"添加到"冒泡排序"脚本中，然后将"冒泡排序"添加到主程序中，脚本如图 7-18 所示。

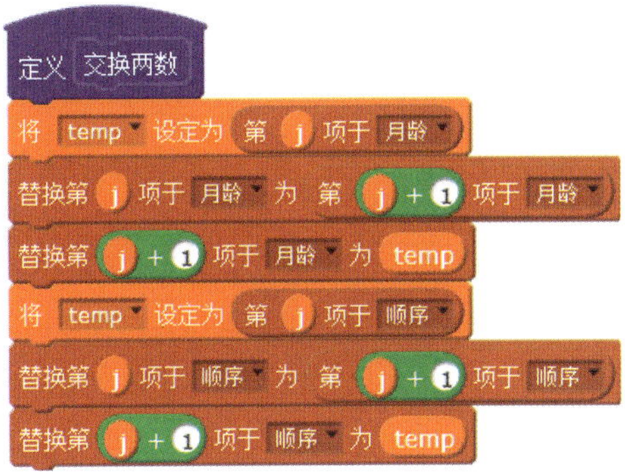

图 7-15 搭建冒泡算法框架

图 7-16 添加比较条件

图 7-17 交换位置

图 7-18 合成脚本

09 保存文件 运行、调试程序，以"动物排队(终).sb2"为名保存文件。

知识库

1. 常见排序算法

常见排序算法有很多，大致可以分为两类：一种是比较排序，主要有冒泡排序、选择排序、插入排序、归并排序、堆排序、快速排序等；另一种是非比较排序，主要有计数排序、基数排序、桶排序等。

2. 选择排序与冒泡排序区别

冒泡排序通过依次交换相邻 2 个顺序不合法的元素位置，从而将当前最小(或最大)元素放到合适的位置；而选择排序每遍历一次都记住了当前最小(或最大)元素的位置，最后仅需一次交换操作即可将其放到合适的位置。

创新园

(1) 你能创作一个案例，对输入的数列从大到小排列吗？如图 7-19 所示。

图 7-19　从大到小排序

(2) 一群兔子按照身高从矮到高排队，这时又过来一只兔子，请你编写程序，在不影响身高顺序的情况下，帮这只兔子插入队列。

7.2 解析与枚举

出租车计费需要考虑起步价、公里数、等时费等因素，可以使用数学方法列式计算。计费系统是借助计算机程序自动计算，像这样借助数学方法列出表达式、解决问题的方法称为解析法。当然也并非所有问题都能通过解析法求解，比如 4 位数字密码锁，想找出正确密码，便无法通过数学方法计算，只能一组一组尝试，这种方法就是枚举法。解析和枚举是两种常见的算法，本节将结合实例来一探究竟。

7.2.1 解析法

解析法又称为分析法，它是应用数学推导、演绎去求解数学模型的方法。善于综合运用数学、物理、化学等各学科的知识和思考方法，寻找问题中各要素之间的关系，导出解决问题的解析式或列出相关的方程，然后设计程序求解。

扫一扫，看视频

案例3　鸡兔同笼

"今有雉兔同笼，上有三十五头，下有九十四足，问雉兔各几何？"，这是我国古代《孙子算经》中就记载的有趣数学问题——鸡兔同笼。这个经典的数学问题，可以用 Scratch 编程解决，运行程序，输入头数和脚数，就能计算出鸡和兔子的数量，并克隆出相应数量的鸡和兔子缩小显示，作品效果如图 7-20 所示。

图 7-20　作品"鸡兔同笼"效果图

研究室

1. 任务分析

案例中涉及"兔子"和"小鸡"2 个角色，此外舞台中添加脚本，用来计算兔子和小鸡的只数，而舞台中显示的其他兔子和小鸡是通过脚本克隆而成，如图 7-21 所示。

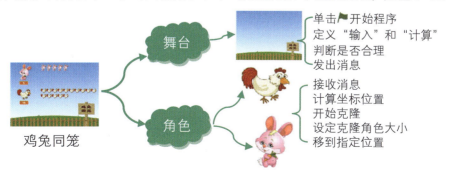

图 7-21　"鸡兔同笼"任务分析图

2. 算法设计

求解问题的关键就是算法，如何根据头和脚的数量求解出兔子和鸡的只数，问题便迎刃而解，可以通过假设的方法实现。

假设让兔子和鸡同时抬起两只脚，这样笼子里的脚就减少了总头数乘 2 只，由于鸡只有 2 只脚，所以笼子里只剩下兔子的 2 只脚，再除以 2 就是兔子只数。那么鸡的只数就可以通过总头数减去兔子的只数求出。

> 兔的只数 =（总脚数 – 总头数 × 鸡的脚数）÷（兔的脚数 – 鸡的脚数）
> 鸡的只数 = 总头数 – 兔的只数

按照上述分析的算法解析式，程序需要定义 6 个变量，具体变量的定义及其用途如表 7–5 所示。

表 7–5　定义变量和列表

变量名称	功能说明
head	用于存储用户输入的总头数
foot	用于存储用户输入的总脚数
rabbit	用于存储兔子只数，变量值显示在舞台中
chick	用于存储鸡的只数，变量值显示在舞台中
row	局部变量，用于确定克隆角色显示的横坐标
col	局部变量，用于确定克隆角色显示的纵坐标

3. 脚本规划

在求解过程中，为了把一个复杂的问题简单化，这里添加了"计算""输入"以及"提示错误"3 个自定义积木。具体脚本规划如表 7–6 所示。

表 7–6　脚本规划

对象	任务描述	Scratch 积木
舞台	定义"输入"　　输入头数和脚数 定义"计算"　　计算兔子和鸡数量 定义"提示错误" 单击 ▶ 开始程序 使用"输入" 判断是否合理 　若不合理返回重输 　若合理则发出消息	更多积木 制作新的积木 数据 将……设定为…… 侦测 征询，回答 外观 切换背景 事件 当 ▶ 被单击 控制 重复执行……次 事件 广播消息 运算 ……>……，……=……

（续表）

对象		任务描述	Scratch 积木
角色		当接收到消息 计算坐标位置 重复克隆自己	事件 当接收到…… 数据 将……设定为……，将……增加…… 运算 向下取整，……/…… 控制 重复执行……次，克隆自己
		当作为克隆体启动时 设定角色大小 移到指定的位置	事件 当作为克隆体启动时 外观 将角色大小设定为…… 运动 移到 x……, y……

加工坊

01 打开文件 运行 Scratch 软件，打开"鸡兔同笼(初).sb2"文件。

02 查看舞台脚本 在角色区选择舞台，查看定义的"输入"和"提示错误"脚本，如图 7-22 所示。

03 定义"计算"积木 按照算法分析的解析式，定义"计算"积木，如图 7-23 所示。

图 7-22 查看舞台脚本

图 7-23 定义"计算"积木

04 搭建舞台脚本框架 为了确保输出结果正常，需添加重复和判断积木，脚本如图 7-24 所示。

图 7-24 搭建脚本框架

05 设置条件 为使 chick 和 rabbit 变量的值是正数,并且都是整数,添加条件判断,如图 7-25 所示。

图 7-25 设置条件

06 设定克隆列数 设定每行克隆出 10 只兔子,脚本如图 7-26 所示。

07 克隆整行部分 根据兔子总数和每行兔子数,计算克隆的小兔子有几个整行,脚本如图 7-27 所示。

图 7-26 设定克隆列数

图 7-27 克隆整行部分

> **小知识**
>
> 输出的行要分成两部分,一部分是可以完整输出 10 只数量的,另一部分是剩余不够 10 只数量的,这里输出的只是前者,剩余的兔子需要单独输出。

08 克隆剩余部分 先将 col 初始化为 0,再用重复执行控制程序输出兔子剩余部分,脚本如图 7-28 所示。

09 保存文件 运行、调试程序,以"鸡兔同笼(终).sb2"为名保存文件。

图 7-28 输出剩余部分

7.2.2 枚举法

枚举算法是我们在日常生活中使用到的最多的一个算法,它的核心思想就是根据所需解决问题的条件,把该问题所有可能的解,一一列举出来,并逐个检验出问题真正解的方法。枚举法也称为穷举法。

扫一扫,看视频

案例 4 水仙花数

小猫最近发现 153 这个数很有趣,$1^3+5^3+3^3$ 的结果正好是 153,经过翻阅资料,了解到像这样的三位数,每个数位的立方之和,结果等于自己,这种三位数叫作水仙花数。于是小猫决定编写程序，找到所有的水仙花数，案例效果如图7-29所示。

图7-29 作品"水仙花数"效果图

1. 任务分析

本案例是小兔子找出所有的水仙花数，只有一个角色"兔子"，具体任务分析如图7-30所示。

图7-30 "水仙花数"任务分析图

2. 算法设计

水仙花数的规律，无法使用数学解析式求解，只能通过逐一列举数字，再依据条件判断，满足条件的数存入列表，不满足条件的数舍弃，算法流程图如图7-31所示。

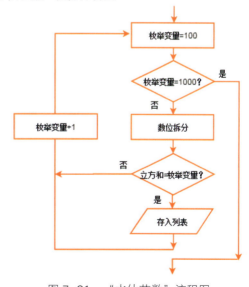

图7-31 "水仙花数"流程图

依据枚举算法分析，解决本案例共需要定义 5 个变量和 1 个列表，具体变量和列表的定义及其用途如表 7-7 所示。

表 7-7 定义变量和列表

数 据	名 称	功能说明
变量	个	用于存储拆分出数字的个位数字
	十	用于存储拆分出数字的十位数字
	百	用于存储拆分出数字的百位数字
	枚举变量	用于枚举 100~1000 之间的数字
	立方和	存储 3 个数字的立方之和
列表	水仙花数	存储找到的水仙花数

3. 脚本规划

在求解过程中，为了把一个复杂的问题简单化，这里添加了"计算""输入"以及"提示错误"3 个自定义积木。具体脚本规划如表 7-8 所示。

表 7-8 脚本规划

舞 台	角 色	任务描述	Scratch 积木
		定义"立方求和"过程 计算 3 个数的立方和 定义"数位拆分"过程 拆开 3 位数字	更多积木 制作新的积木 数据 将……设定为……，将……增加……
		单击▶开始程序 初始化数据 枚举数字 判断条件 找到水仙花数，存入列表	事件 当▶被单击 数据 将……设定为…… 控制 重复执行……次 运算 ……=…… 数据 将……加到……

加工坊

01 打开文件 运行 Scratch 软件，打开"水仙花数（初）.sb2"文件。

02 查看脚本 在角色区选择"小猫"，查看定义的"立方求和"和"数位拆分"脚本，如图 7-32 所示。

图 7-32 查看自定义积木

03 开始枚举 使用"重复执行直到……"积木,结合变量"枚举变量"开始枚举所有的可能性,如图 7-33 所示。

04 添加条件 给列举的所有可能的数添加筛选条件,将满足条件的数加入列表,如图 7-34 所示。

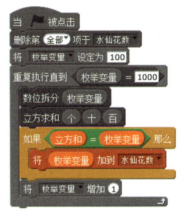

图 7-33 开始枚举　　　　图 7-34 添加条件

05 保存文件 运行、调试程序,以"水仙花数(终).sb2"为名保存文件。

 知识库

1. 解析法求解的一般过程

分析问题→探究算法→列解析式→编写程序→调试程序。

2. 枚举算法的基本思路

(1) 确定解题的可能范围,不能遗漏任何一个真正解,同时避免重复。
(2) 逐一枚举可能的解,并验证每个解是否是问题的解。
(3) 为了提高解决问题的效率,使可能解的范围降至最小。

 创新园

(1) 假设一个市出租车起步里程 3 千米,起步费 8 元;超起步里程每千米租费 1.8 元,营运过程中,每 5 分钟按 1 千米租费计收,请你设计计费程序。

(2) 除了有趣的水仙花数外,还有好玩的玫瑰花数,它是一个 4 位数,满足每个数位的 4 次方之和等于本身,就是一个玫瑰花数,你能找出所有的玫瑰花数吗?

7.3 递推与递归

递推和递归都是计算机求解复杂问题时的重要算法。递推是按照一定的规律来计算序列中的每个项，是一种用若干步可重复运算来描述复杂问题的方法，通常是通过计算前面的一些项来得出序列中的指定项的值。而递归是将一个复杂的问题划分成若干个子问题，这些子问题与原问题形式相同，但规模变小，按照这样的划分方法把问题逐渐变小，到达某个临界点，再从这个临界点原路返回，从而得到原问题的解。

7.3.1 递推法

"李逵自夸刀工不错，有人在砧板上放一张大煎饼，问他饼不离砧板，切100刀最多能分多少块"。解决这个问题，显然是找到其中的规律，从前往后逐个推导，最终找到问题的解。类似这样的问题，在计算机中使用递推算法速度很快。

扫一扫，看视频

案例 5　兔子繁殖

小猫听说兔子在出生 2 个月后就有繁殖能力，一对兔子每个月能生出一对小兔子来。按照这种规律，如果所有兔子都不死，那么一年以后可以繁殖多少对兔子？小猫决定去探个究竟。作品效果如图 7-35 所示。

图 7-35　作品"兔子繁殖"效果图

研究室

 1. 任务分析

案例效果中能看到小猫和 2 只兔子，其实兔子只是背景元素，所以只涉及一个角

色"小猫",编写脚本求解总数,任务分析如图 7-36 所示。

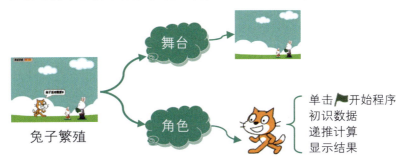

图 7-36 "兔子繁殖"任务分析图

2. 算法设计

第一个月小兔子没有繁殖能力,所以还是 1 对;2 个月后,生下一对小兔,对数共有 2 对;三个月后,老兔子又生下一对,因为小兔子还没有繁殖能力,所以一共是 3 对,依次类推,如表 7-9 所示。

表 7-9 分析过程

经过月数	0	1	2	3	4	5	6	……
幼仔对数	1	0	1	1	2	3	5	……
成兔对数	0	1	1	2	3	5	8	……
总体对数	1	1	2	3	5	8	13	……

不难发现,总体对数是一个数列,而且有一个明显的特点,就是前面相邻两项之和,构成了后一项。因此可以创建一个列表,由前两项依次递推出所有的结果。程序需要定义 2 个变量和 1 个列表,具体变量的定义及其用途如表 7-10 所示。

表 7-10 定义变量和列表

数据	名称	功能说明
变量	i	用于递推过程中控制项目号
	经过月数	用于获取输入经过的月数
列表	兔子总数	记录每个月兔子的总数

3. 脚本规划

在求解过程中,为了把一个复杂的问题简单化,这里添加了"初始数据""递推计算"以及"显示结果"3 个自定义积木。具体脚本规划表 7-11 所示。

表 7-11 脚本规划

舞台	角色	任务描述	Scratch 积木
 		定义"初始数据"过程 定义"递推计算"过程 　推出所有经过月的兔子总数 定义"显示结果"过程 　读取列表最后一项	更多积木 制作新的积木 数据 将……设定为……，将……增加…… 控制 重复执行……次 运算 ……+……
		单击 ▶ 开始程序 　初始数据 　递推计算 　显示结果	事件 当 ▶ 被单击 更多积木 制作新的积木

加工坊

01 打开文件 运行 Scratch 软件，打开"兔子繁殖(初).sb2"文件。

02 查看脚本 在角色区选择"小猫"，查看定义的"初始数据"脚本，如图 7-37 所示。

03 递推初始化 在角色区选择"小猫"，初始化列表前两项，脚本如图 7-38 所示。

图 7-37 查看脚本

图 7-38 初始化列表前两项

04 开始递推 按照递推公式 $f(i)=f(i-1)+f(i-2)$，依次推出列表各项数值，脚本如图 7-39 所示。

图 7-39 开始递推

05 **完善脚本**　先完善"显示结果"脚本,将所有自定义积木依次拖到主程序中,如图7-40所示。

图 7-40　完善脚本

06 **保存文件**　运行、调试程序,以"兔子繁殖(终).sb2"为名保存文件。

7.3.2　递归法

从前有座山,山里有座庙,庙里有个老和尚,正在给小和尚讲故事!故事是什么呢?从前有座山,山里有座庙,庙里有个老和尚,正在给小和尚讲故事!故事是什么呢?……故事里包含着故事本身,像这种直接(或间接)调用自身就是递归。

扫一扫,看视频

📗 案例 6　大雁南飞

秋天到了,大雁纷纷南飞,小猫抬头看天,一群大雁变换队形,突发奇想,这群大雁可以变换出多少种队形呢?正好碰到大雁博士,请教如何计算,得知排列队形变换的数量与大雁个数有关,于是编写程序求解,作品效果如图7-41所示。

图 7-41　作品"大雁南飞"效果图

1. 任务分析

案例中涉及"小猫"和"雁博士"2个角色,其中计算过程都是在角色"雁博士"

中实现，具体角色任务如图 7-42 所示。

图 7-42 "大雁南飞"任务分析图

2. 算法设计

大雁队形数量求解是排列问题，队形数与大雁个数存在怎样的一个数量关系呢？如果用 f[n] 表示 n 只大雁的队形数量，分析过程如表 7-12 所示。

表 7-12 分析过程

大雁数量	队形数量	规 律
1	1	
2	2	2×1
3	6	3×2
4	24	4×6
……	……	……
i	f[i]	i×f[i−1]

所以 n 只大雁的队形数量有 n×f[n−1] 种，也就是 f[n]=n×f[n−1]，在数学中的阶乘。如果将求 n 的阶乘定义成一个过程（新的积木），那么"求 n 的阶乘"需要使用"n−1 的阶乘"，这是典型的递归调用，为了更好地控制递归，需要定义 2 个变量，如表 7-13 所示。

表 7-13 定义变量

变量名称	功能说明
数量	用于存储读取的大雁数量
结果	用于递归求解过程中结果的存储

3. 脚本规划

在求解过程中，为了把一个复杂的问题划分成规模较小的子问题，这里添加了自定义积木"求 n 的阶乘"来实现递归调用。具体脚本规划如表 7-14 所示。

表 7-14 脚本规划

舞台	角色	任务描述	Scratch 积木
	(猫)	单击 ▶ 开始程序 交流对话	事件 当 ▶ 被单击 外观 说……2 秒
(大雁)	(雁博士)	定义"初始数据"过程 　　输入变量"数量"的值 定义"求 n 的阶乘"过程 　　递归求解过程 定义"显示结果"过程 　　输出变量"结果"的值	更多积木 制作新的积木 数据 将……设定为…… 侦测 征询，回答 控制 如果……那么…… 运算 ……=……，……*……
		单击 ▶ 开始程序 初识数据 求阶乘 显示结果	事件 当 ▶ 被单击 更多积木 求……的阶乘

加工坊

01 打开文件 运行 Scratch 软件，打开"大雁南飞(初).sb2"文件。

02 定义"初始数据" 在角色区选择"雁博士"，新建一个积木"初始数据"，编写脚本，如图 7-43 所示。

03 定义"求 n 的阶乘" 新建一个积木"求 n 的阶乘"，编写脚本，如图 7-44 所示。

图 7-43 定义"初始数据"积木

图 7-44 定义"求 n 的阶乘"积木

04 完善脚本 首先定义"显示结果"积木，并将所有积木组合到主程序中，如图 7-45 所示。

图 7-45 完善脚本

05 保存文件 运行、调试程序，以"大雁南飞(终).sb2"为名保存文件。

知识库

1. 递推算法基本思想

递推算法是一种理性思维模式的代表，其根据已有的数据和关系，逐步推导而得到结果。递推算法的执行过程如下。

- 根据已有的结果和关系，求解中间结果。
- 判定是否达到要求，如果没有达到，则继续根据已知结果和关系求解中间结果；如果满足要求，则表示寻找到一个正确的答案。

2. 递归算法基本思想

- 把规模大的问题转化为规模小的子问题来解决。
- 解决大问题的方法和解决小问题的方法往往是同一个方法。

3. 递归使用条件

- 存在一个递归调用的终止条件。
- 每次递归的调用必须越来越靠近终止条件。

创新园

（1）有个长廊，宽 1 米，长 n 米，现用 1×1、1×2、1×3 的大理石铺设。例如 n=3 时的长廊，可以使用 1×1、1×2、1×3 三种大理石铺满，共有 4 种铺法。求解任意的 n 米长廊有多少种铺设方法，请你尝试编程求解。

（2）关于 1+2+3+…+n 这个算式，能使用递归的方法求解吗？尝试编程求解。

第8章 开发应用程序实例

通过前面7章的学习，同学们掌握了积木的功能与使用方法、算法与程序设计的关系，以及程序的3种基本结构、常用算法等，使用这些知识，同学们能够开发一些简单的应用程序。

本章围绕3个案例，通过设计抽奖程序、数字故事、交互游戏，让同学们体会到设计开发程序的方法，从中进一步感知编程的基本概念和思想，同时在创作过程中体验编程的神奇魅力。

 设计应用程序《幸运大抽奖》

 制作数字故事《小蝌蚪找妈妈》

 设计交互游戏《星球大战》

8.1 设计应用程序

在网上的 Scratch 社区，可以看到很多同学设计的应用程序，如"口算小程序""随机抽奖"等。下面以抽奖程序为例，带领同学们设计应用程序。

案例1　幸运大抽奖

运行程序，显示如图 8-1 所示左图效果，单击"进入抽奖"按钮，进入右图所示界面，单击"开始"按钮，方框内的"水果"开始滚动；单击"停止"按钮，方框内的"水果"停止滚动，右上方显示当前选中的水果名称。

图 8-1　"幸运大抽奖"效果图

8.1.1　任务分析

程序"幸运大抽奖"有 2 个背景、4 个角色，角色分别是"进入""开始""停止""水果"，其中 3 个是按钮，控制程序的开始与结束，而角色"水果"有 6 个造型，分别是葡萄、香蕉、梨、菠萝、草莓、樱桃。任务分析及功能描述如图 8-2 所示。

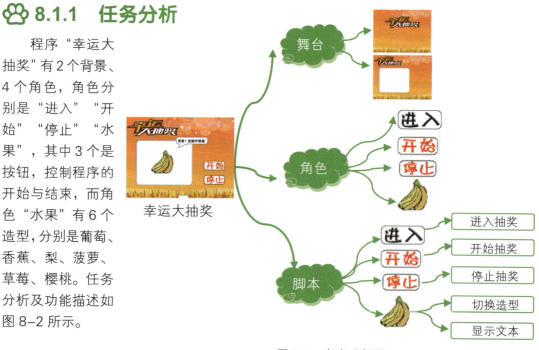

图 8-2　任务分析图

8.1.2 脚本规划

程序"幸运大抽奖"有 2 个背景与 4 个角色,角色中有 3 个是按钮,都是单击对象,控制流程,而角色"水果"有 6 个造型,需要使用语句控制造型切换。任务脚本分析如表 8-1 所示。

表 8-1 脚本规划

舞台	角色	任务描述	Scratch 积木
背景 1	进入	单击进入抽奖	事件 当角色被单击时
背景 2	水果(香蕉)	开始抽奖时,切换造型 结束抽奖时,显示抽中水果	控制 如果…… 控制 等待…… 外观 切换造型 事件 控制角色造型切换
	开始	开始抽奖	事件 当角色被单击时
	停止	停止抽奖	事件 当角色被单击时

8.1.3 编程实现

程序"幸运大抽奖"中各对象、背景与角色的脚本设计完毕,下面需选中各对象,在脚本区使用模块编写程序。

 加工坊

添加背景与角色

本案例中的 2 个背景与 4 个角色,均是准备好的图片文件,只需使用相应的命令上传即可,重点是角色"水果"的造型。

01 新建项目 打开浏览器,在地址栏中输入 https://scratch.mit.edu/,登录网站,单击 创建 按钮,新建项目。

02 删除角色 单击 × 按钮,再单击舞台上的角色"小猫",删除默认的"小猫"角色。

03 添加背景 1 按图 8-3 所示操作,将"背景 1.png"文件设置为背景 1。

04 添加背景 2 按图 8-4 所示操作,添加图片文件"背景 2.png"为背景 2。

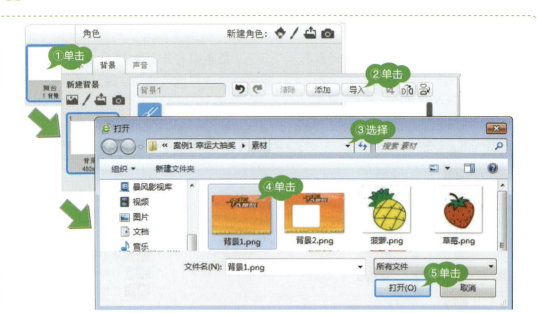

图 8-3 添加背景 1

图 8-4 添加背景 2

05 添加角色"水果" 单击角色区中的"从本地文件中上传角色"按钮，选择"葡萄.png"文件为角色，并修改角色名为"水果"。

06 添加其他角色 用上面同样的方法，上传其他角色，效果如图 8-5 所示。

图 8-5　添加其他角色

07 增加"香蕉"造型　按图 8-6 所示操作，为角色"水果"添加"香蕉"造型。

图 8-6　添加"香蕉"造型

08 添加其他造型　用上面同样的方法，为角色"水果"添加"菠萝.png""草莓.png""樱桃.png""梨.png"造型。

09 保存项目　选择"文件"→"立即保存"命令，按图 8-7 所示操作，将项目文件以"幸运大抽奖.sb2"为名保存。

图 8-7　保存项目

编写对象脚本

分别选中进入、开始、水果、停止等对象，根据脚本规划，拖动指令区的指令，创建各对象的脚本。

01 **编写"背景"脚本** 选中背景，单击"脚本"选项，为背景编写如图8-8所示的脚本。

02 **编写角色"进入"脚本** 选中角色"进入"，单击"脚本"选项，为角色"进入"编写脚本，如图8-9所示。

图8-8 编写"背景"脚本　　图8-9 编写角色"进入"脚本

03 **编写角色"水果"造型切换脚本** 选中角色"水果"，为角色"水果"编写如图8-10所示的脚本，使角色"水果"造型顺序切换。

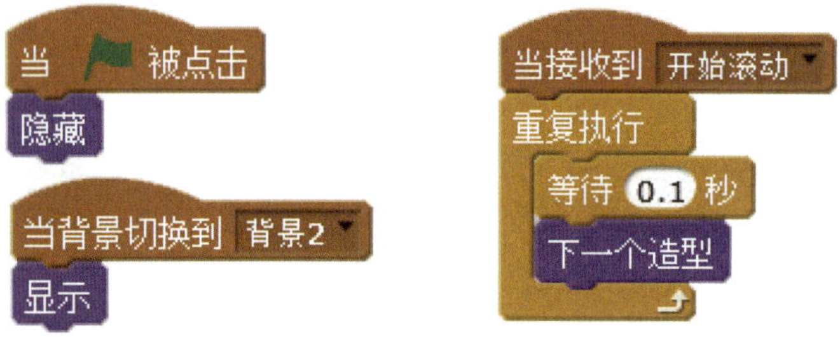

图8-10 编写角色"水果"造型切换脚本

04 **编写角色"水果"抽中造型的脚本** 选中角色"水果"，为角色"水果"编写如图8-11所示的脚本，使单击角色"停止"时，显示抽中的水果类型。

图8-11 编写角色"水果"抽中造型的脚本

05 编写角色"开始"脚本 选中角色"开始",在脚本区添加如图8-12所示的脚本。

图 8-12 编写角色"开始"脚本

06 编写角色"停止"脚本 选中角色"停止",在脚本区添加如图8-13所示的脚本。

07 保存项目 选择"文件"→"保存"命令,保存项目文件。

图 8-13 编写角色"停止"脚本

8.1.4 分享程序

在网站上编写的程序只能自己看到,如果想与别人一起玩抽奖游戏,可以在编程结束时,进行相关设置分享作品。

加工坊

01 分享程序 按图8-14所示操作,分享程序"幸运大抽奖"。

图 8-14 分享程序

02 填写日志 按图8-15所示操作,填写程序日志。

图 8-15 填写日志

03 **运行程序** 按图 8-16 所示操作，在网上运行程序。

图 8-16 运行程序

 8.2 制作数字故事

小朋友们都喜欢故事，使用 Scratch 制作数字故事，可以让其有图像、有声音，更加吸引人。使用 Scratch 制作数字故事，需经历剧本创作、角色设计、声音录制、故事编排、编程实现等过程。

📗 **案例 2　小蝌蚪找妈妈**

小蝌蚪不知道谁是自己的妈妈，它们游呀游，去找自己的妈妈，效果如图 8-17 所示。它们先后遇到白鹅、金鱼，最后终于找到了自己的妈妈，原来妈妈是青蛙。

图 8-17 作品"小蝌蚪找妈妈"效果图

8.2.1 任务分析

数字故事"小蝌蚪找妈妈"共有4个背景和8个角色,其中有3个角色是"小蝌蚪",在制作过程中,只需要完成一个,其他可复制得到。任务分析及功能描述如图8-18所示。

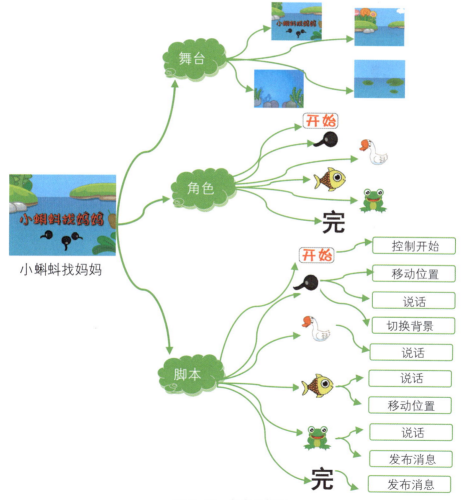

图 8-18 任务分析图

8.2.2 角色规划

故事"小蝌蚪找妈妈"共有3个场景、8个动画形象,这些对象如何进场、出场?如何沟通、交流?同时其中有多个场景与多个角色,这些角色与背景不可能来自Scratch软件的角色库与背景库,并且这些角色还有声音。任务脚本分析如表8-2所示。

表 8-2 脚本规划

舞台	角色	任务描述	Scratch 积木
背景1	开始	单击后开始播放数字故事	事件 控制开始
背景2	🐌	向右游动,遇到白鹅时说话"妈妈!妈妈!"	运动 移动位置 声音 播放声音
背景2	🦢	小蝌蚪说话完毕后说话"我不是你们的妈妈,你们到前面去找吧!"	声音 播放声音
背景3	🐌	向左游动,遇到金鱼时说话"妈妈!妈妈!"	运动 移动位置 声音 播放声音
背景3	🐟	小蝌蚪说话完毕后说话"我不是你们的妈妈,你们到前面去找吧!"	声音 播放声音
背景4	🐸	小蝌蚪靠近时说话"我就是你们的妈妈呀!"	声音 播放声音
背景4	🐌	向右游动,青蛙说话后,说话"妈妈!妈妈!"	运动 移动位置 声音 播放声音
背景4	完	故事播放完毕,显示	外观 隐藏角色 外观 显示角色

8.2.3 编程实现

数字故事"小蝌蚪找妈妈"中各对象、背景与角色的脚本规划设计完毕,下面需选中各对象,在脚本区使用模块编程实现。

加工坊

添加背景与角色

本案例中的4个背景与8个角色,均是准备好的文件,使用相应的命令上传即可,角色小蝌蚪只需完成一个,其他编写好脚本后复制即可。

01 新建项目 新建项目,删除默认的"小猫"角色。

02 添加背景1 单击舞台区的背景图标,单击"造型"标签,单击"导入"按钮,选

择文件"封面.png"作为背景1。

03 **添加其他背景** 用上面同样的方法,分别上传"背景2.png""背景3.png""背景4.png"。

04 **添加角色** 单击"从本地文件中上传角色"按钮,打开"选择上载文件"对话框,选择图片文件"小蝌蚪1.png",添加新角色"蝌蚪1"。

05 **添加角色造型** 选择图片文件"小蝌蚪2.png"作为角色的造型2。

06 **录制声音** 按图8-19所示操作,为角色"蝌蚪1"录制声音,声音内容为"妈妈!妈妈!"。

图 8-19 录制声音

07 **添加其他角色** 用上面同样的方法,分别添加其他角色,效果如图8-20所示。

图 8-20 添加其他角色

08 **录制其他声音** 用上面同样的方法,为其他角色录制声音,声音内容如下表所示。

角色	声音内容
白鹅	我不是你们的妈妈,你们到前面去找妈妈吧!
金鱼	我不是你们的妈妈,你们到前面去找妈妈吧!
青蛙	傻孩子,我就是你们的妈妈呀!

09 **保存项目** 将项目以文件"小蝌蚪找妈妈.sb2"为名保存。

编写对象脚本

分别选中小蝌蚪、白鹅、金鱼、青蛙等对象，根据脚本规划，拖动指令区的指令，创建各对象的脚本。

01 编写"背景"脚本
选择背景，单击"脚本"标签，编写脚本如图8-21所示。

图 8-21 编写"背景"脚本

02 编写角色"小蝌蚪"脚本 选择角色"蝌蚪1"，编写脚本如图8-22所示。

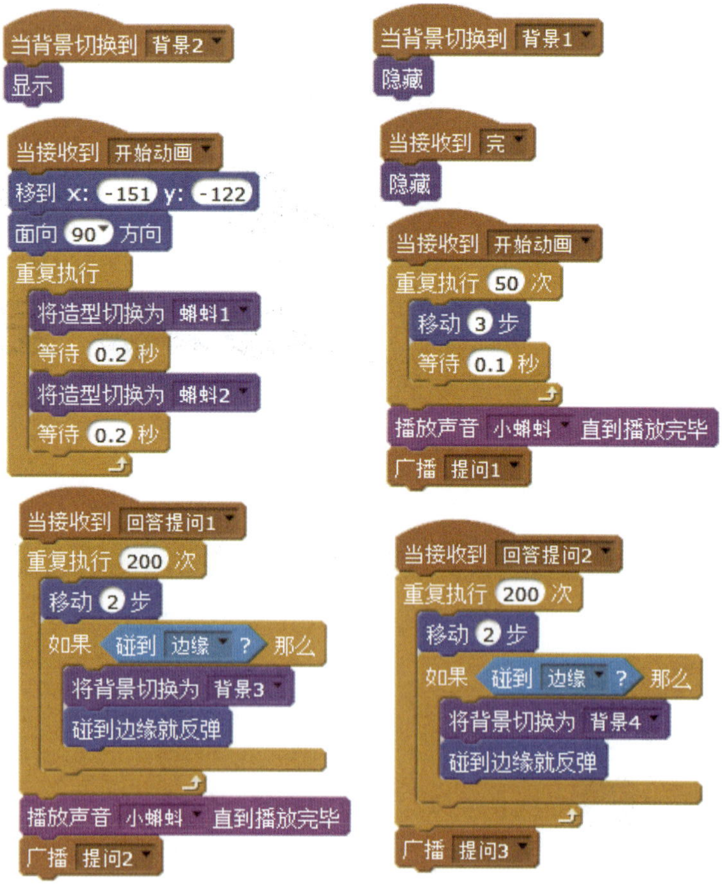

图 8-22 编写角色"蝌蚪1"脚本

03 编写角色"开始"脚本 选择角色"开始",编写如图 8-23 所示的脚本。

图 8-23 编写角色"开始"脚本

04 复制其他蝌蚪脚本 将角色"蝌蚪 1"的脚本复制到角色"蝌蚪 2""蝌蚪 3"中。

05 编写角色"白鹅"脚本 选择角色"白鹅",编写脚本如图 8-24 所示。

图 8-24 编写角色"白鹅"脚本

06 编写角色"金鱼"脚本 选择角色"金鱼",编写如图 8-25 所示的脚本。

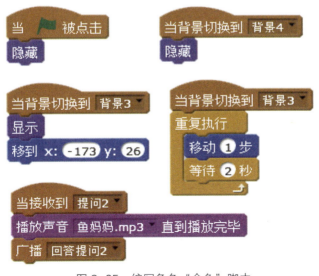

图 8-25 编写角色"金鱼"脚本

07 编写角色"青蛙"脚本 选择角色"青蛙",编写脚本如图 8-26 所示。

图 8-26　编写角色"青蛙"脚本

08 编写角色"完"脚本 选择角色"青蛙",编写脚本如图 8-27 所示。

09 保存项目 选择"文件"→"保存"命令,将项目文件保存。

图 8-27　编写角色"完"脚本

8.2.4　分享程序

使用 Scratch 制作的数字故事,存储的文件格式是 sb2,这种格式无法使用播放器播放,如果转换成 swf 格式,几乎所有的播放器都可以播放,从而可以分享给更多人观看。

加工坊

01 下载文件 下载 junebeetle.github.io/converter/download/Scratch%20Converter.zip 文件。

02 解压文件 将下载的压缩文件进行解压。

03 打开网页 按图 8-28 所示操作,打开网页文件 Converter.html。

图 8-28　打开文件

04 选择需转换的文件 按图 8-29 所示操作，打开需要转换的文件。

图 8-29 打开文件

05 保存文件 按图 8-30 所示操作，选择保存的位置与文件名。

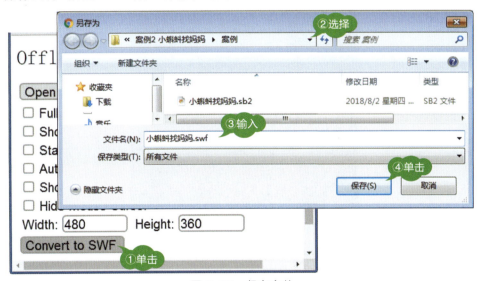

图 8-30 保存文件

06 查看 swf 文件 打开相应文件夹，查看生成的 swf 文件，效果如图 8-31 所示。

图 8-31 查看文件

8.3 设计互动游戏

Scratch 中可以设计各类游戏，如打字游戏、走迷宫游戏、射击类游戏，还有连连看游戏等。

📗 案例 3　星球大战

"星球大战"属于单人玩的射击类游戏，如图 8-32 所示。船长汉·索罗驾驶"千年隼"号在外太空遇到了达斯·维达派来战机的拦截。敌机随机出现在屏幕的上方，而"千年隼"只能左右沿水平方向移动，船长汉·索罗按空格键可发射导弹，击中敌机后，敌机会爆炸。只有在限定时间内消灭了五架敌机，才能安全离开外太空。

图 8-32　作品"星球大战"效果图

🐾 8.3.1　任务分析

互动游戏"星球大战"有 4 个背景、8 个角色，其中背景 3 与背景 4 分别是背景 2 上添加文本"Game Pass!""Game Over!"得到，各对象任务分析及功能描述如图 8-33 所示。

第 8 章 开发应用程序实例

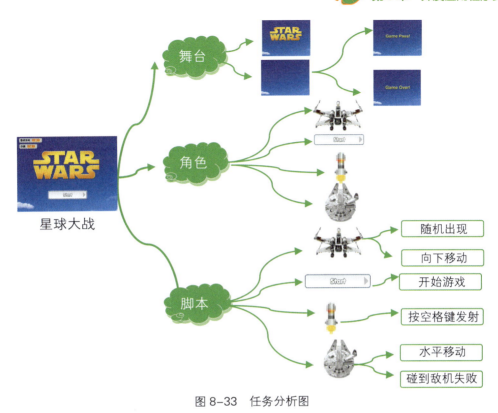

图 8-33 任务分析图

8.3.2 角色规划

游戏"星球大战"中,共有 8 个角色,分别是开始按钮、导弹、敌机,其中有 5 个是敌机,只需创建 1 个"敌机"角色,复制得到其他角色"敌机"。本游戏的任务脚本分析如表 8-3 所示。

表 8-3 脚本规划

舞 台	角 色	任务描述	Scratch 积木
背景 1	游戏计时	10 秒倒计时,时间到游戏停止	数据 定义变量
	计数	统计击落的敌机架数,五架敌机全部击落,游戏胜出	数据 定义变量
	Start	单击后开始游戏	事件 控制开始

舞 台	角 色	任务描述	Scratch 积木
背景 2		按空格键，发射	控制 重复…… 运动 沿直线射出 事件 接收消息
		从屏幕上方随机出现，并向下移动	控制 重复…… 控制 如果…… 运算 随机出现 事件 广播消息
		面向上方，随鼠标指针水平移动	控制 重复…… 运动 面向方向 运动 水平移动

 8.3.3 编程实现

编程实现交互游戏"星球大战"，需分 2 个步骤，先添加背景与角色，再分别选中背景与角色，在脚本区使用积木编程实现游戏功能。

加工坊

添加背景与角色

本案例中的 4 个背景与 8 个角色，均是准备好的图片文件，只需使用相应的命令上传即可，其中敌机只需制作一个，其他复制完成。

01 **新建项目** 运行程序，新建项目，删除默认的"小猫"角色。

02 **添加背景** 单击舞台区的背景图标，单击"造型"标签，单击"导入"按钮，选择文件"封面.png"作为背景 1。

03 **添加其他背景** 用上面同样的方法，分别上传"背景 2.png"，并制作背景 3 与背景 4，效果如图 8-34 所示。

图 8-34 添加背景

04 **添加角色"战斗机"** 单击角色区按钮,选择"战斗机.png"图片,作为角色。

05 **添加其他角色** 用上面同样的方法,添加其他角色,效果如图8-35所示。

图8-35 添加角色

编写对象脚本

分别选中开始、敌机、千年隼、导弹等对象,根据脚本规划,拖动指令区的指令,创建各对象的脚本。

01 **定义变量** 选中舞台区的背景,单击"脚本"标签,使用"数据"模块,新建两个变量,分别是"游戏计时"与"计数",效果如图8-36所示。

02 **编写"背景"脚本** 选中舞台区的背景,单击"脚本"标签,在脚本区搭建积木,效果如图8-37所示。

图8-36 新建变量　　图8-37 "背景"脚本

03 **编写角色"千年隼"脚本** 为角色"千年隼"编写脚本,如图8-38所示。

04 **编写角色"开始按钮"脚本** 为角色"开始按钮"编写脚本,如图8-39所示。

05 **编写角色"敌机"脚本** 为角色"敌机"编写脚本,如图8-40所示。

图 8-38 编写角色"千年隼"脚本

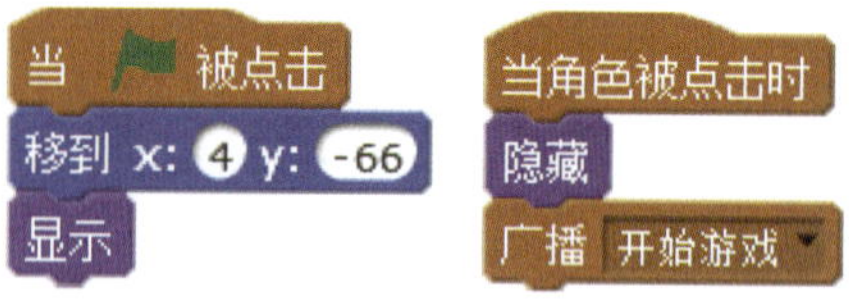

图 8-39 角色"开始按钮"脚本

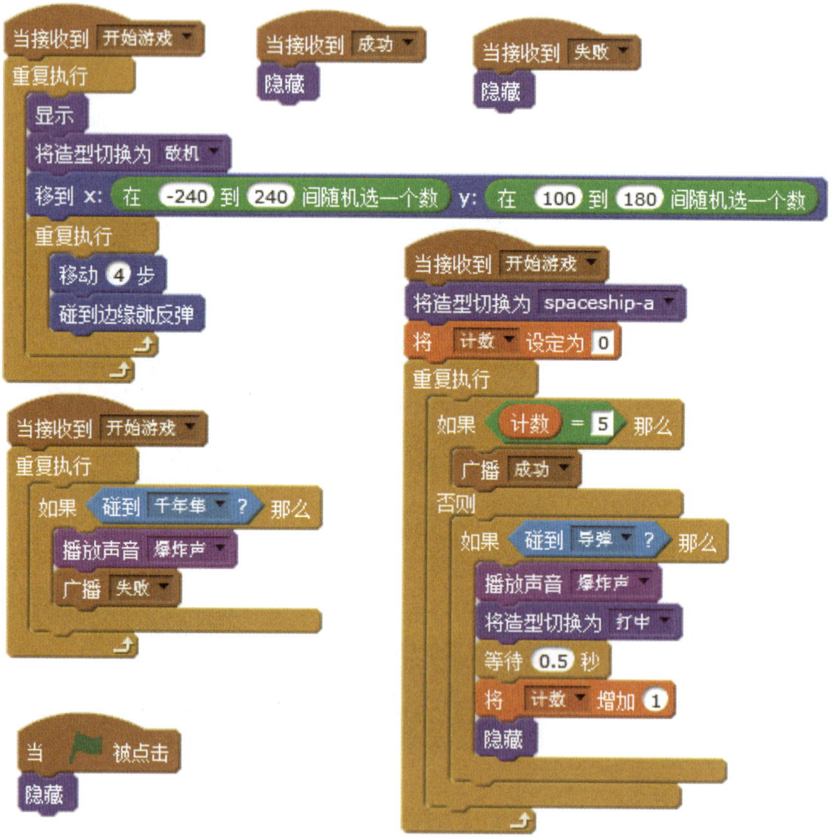

图 8-40 编写角色"敌机"脚本

06 **编写角色"导弹"脚本** 为角色"导弹"编写脚本,如图 8-41 所示。

07 **保存文件** 运行、测试动画,以"星球大战(终).sb2"为名保存文件。

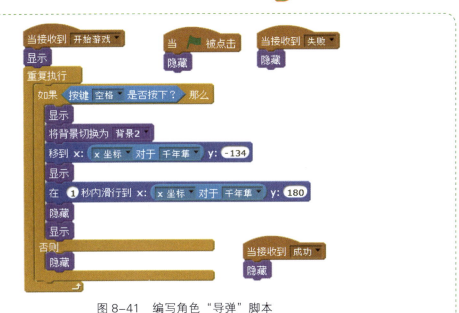

图 8-41　编写角色"导弹"脚本

8.3.4　发布程序

同学们玩的游戏一般都是 exe 格式，而 Scratch 软件无法将 sb2 文件直接转变成可执行文件。我们可以借助第三方软件，将文件转换成 exe 文件，可以脱离 Scratch 环境，直接运行。

加工坊

01　**打开文件**　双击桌面快捷图标"Scratch2exe-ch 播放封装程序"，选择 File Menu → Open File 命令，按图 8-42 所示操作，打开"星球大战.sb2"。

图 8-42　打开文件

02 **运行程序** 按图 8-43 所示操作，单击 ▶ 按钮，测试程序。

图 8-43 测试程序

03 **生成 exe 文件** 选择 File Menu → Export exe file 命令，按图 8-44 所示操作，选择图标文件，生成 exe 文件。

图 8-44 生成 exe 文件